U0839610

珍藏本
纪念版

汉译世界学术名著丛书

智 者

〔古希腊〕柏拉图 著

詹文杰 译

商务印书馆
SINCE 1897 The Commercial Press
2017年·北京

ΠΛΑΤΩΝ

ΣΟΦΙΣΤΗΣ

根据 Platonis Opera (Scriptorum Classicorum Bibliotheca Oxoniensis), recognovit Ioannes Burnet, Tomus Ⅰ, Oxonii 译出

译 者 前 言

十九世纪以来，受疑古思潮影响，西方一些研究者曾经怀疑包括《智者》在内的多篇对话录不是柏拉图本人的作品，而属于伪托作品，但是，关于这篇对话录作者身份的质疑现在已经几乎没有人支持了。无论是从思想内容上看，还是从文风考据学的结果来看，研究者普遍认可《智者》属于柏拉图晚期的著作，与《政治家》、《斐莱布》、《蒂迈欧》、《克里底亚》和《礼法》的写作时间比较接近。

“智者”这个词，古希腊文为“σοφιστής”(英文 sophist)，汉语对此已有的译名是“智者”、“哲人”、“智术之师”、“智术师”和“诡辩家”，等等，这些皆是意译。“σοφιστής”的词根与“σοφός”(有智慧的、有本领的)和“σοφία”(智慧、技能)相关，直接衍生自动词“σοφίζειν”(使智慧、教导)；由于希腊语词尾“-τής”一般表示“从事者”，故“σοφιστής”的字面意思是从事启智或教导的人士，即“智慧”方面的“专家-大师”。由此看来，把它译作“智术师”或“智术之师”似乎有一点道理，但是问题在于“σοφιστική”(智术)较之“σοφιστής”而言是后起的词，且其含义已经狭窄化，故“智术师”的含义过于狭窄。“诡辩家”这个译名是一种引申，其含义比“智术师”更狭窄了。“智者”和“哲人”这两个词都表示“有智慧的人”，其含义略显宽泛，用来翻译希腊文的“σοφός”更为合适。综合考虑，在没有更好选择的情况下，“智者”仍是可用的译名，因为“σοφιστής”本来并无贬义，与“σοφός”（智者）可以互换使用，只是从柏拉图开始才以特别的方式赋予其贬义。

这篇对话录的标题《智者》应该是柏拉图本人认可的，至于后来有些校勘本中出现的副标题“论是，逻辑的”（περὶ τοῦ ὄντος, λογικός）则肯定是后人所添加的。我们从第欧根尼·拉尔修的记载中最早看到这个副标题（《名哲言行录》，第三卷，第58节）。据他记载，塞拉叙卢（Thrasyllus，公元一世纪人）对柏拉图对话录采用双重标题，其一出自对话者的名字，其二出自对话的主题，其中，《智者》的副标题就是所谓“论是，逻辑的”。然而，柏拉图全部作品中从未提及所谓“逻辑”（λογική）或“逻辑的”（λογικός），而且，柏拉图哲学尚未有严格的逻辑学、物理学和伦理学这样的“三分法”；这是到后来的斯多亚学派才确立起来的。所以，上述副标题不可能是柏拉图本人所拟。

本书所根据的古希腊文版是“牛津古典文本”（OCT）中伯奈特的校勘本①，此外还参考了“洛布古典丛书”中傅勒的校勘本②，以及坎贝尔的校勘注释本③。英文版本方面主要参考了傅

① 伯奈特（J. Burnet）编辑校勘的古希腊文《智者》，收于“牛津古典文本”（Oxford Classical Texts）中的《柏拉图著作集》（Platonis Opera），第一册，牛津大学出版社，1973年重印本（1900年初版）。

② 傅勒（H. N. Fowler）编辑和翻译的希英对照本《智者》，收于“洛布古典丛书”（Leob Classical Library）的《柏拉图》卷，第七册，哈佛大学出版社，1996年重印本（1921年初版）。

③ 坎贝尔（L. Campbell）古希腊文注释本《柏拉图的〈智者〉与〈政治家〉》（*The Sophistes and Politicus of Plato, with a revised text and English notes*, Oxford, 1867）。

勒、怀特[1]、伯纳德特[2]和康福德[3]的译文，少量参考了乔伊特[4]和迪林格尔[5]等人的译文。中文版本方面参考了王晓朝[6]、严群[7]和王太庆[8]的译文。在极个别情况下还参考了施莱尔马赫[9]和梅恩哈特[10]的德译文。按照国际通用的斯特方页码和栏码，译文标注了相应的页码和栏码。

本次再版修正了2011年版译文中出现的一些错误，删减了前言中关于个别译名的长篇讨论，并提供两组索引以满足专业读者

---

① 怀特(N. P. White)的英译文《智者》，单行本(带有28页的导言)刊于1993年，译文后来收于J. Cooper主编的《柏拉图全集》(*Plato Complete Works*, Hackett Publishing Company, 1997)。

② 伯纳德特(S. Benardete)的英译文和诠释《美之在：柏拉图的〈泰阿泰德〉、〈智者〉和〈政治家〉》(*The Being of the Beautiful: Plato's Theaetetus, Sophist, and Statesman, translated and with commentary*, Chicago: The University of Chicago Press, 1984)。

③ 康福德(F. M. Cornford)的英译文和诠释《柏拉图的知识理论：柏拉图的〈泰阿泰德〉和〈智者〉》(*Plato's Theory of Knowledge: the Theaetetus and Sophist of Plato*, Macmillan Publishing Company, 1957)。

④ 乔伊特(B. Jowett)的英译文《柏拉图对话集》(*The Dialogues of Plato, translated into English with Analyses and Introductions*；第1版1871年，第4版1953年；全集共五卷，《智者》在第三卷)。

⑤ 迪林格尔(J. Duerlinger)的英译文和诠释《柏拉图的〈智者〉》(*Plato's Sophist, A Translation with a Detailed Account of Its Theses and Arguments*, Peter Lang Publishing, 2005)。

⑥ 王晓朝(译)《柏拉图全集》(第三卷)，人民出版社，2003年。

⑦ 严群(译)《泰阿泰德·智术之师》，商务印书馆，1963年。

⑧ 王太庆(译)《柏拉图对话集》，商务印书馆，2004年。

⑨ 施莱尔马赫(F. Schleiermacher), *Platons Werke*, Zweiten Theiles Zweiter Band, Berlin, 1824。

⑩ 梅恩哈特(H. Meinhardt), *Platon. Der Sophist*, Philipp Reclam jun. GmbH & Co., Stuttgart, 1990。

的需要。译文中难免仍存在各种各样的问题,敬请读者多加指正。

詹文杰

2012 年 6 月 18 日

目　录

智　者

对话人：塞奥多洛（简称“塞”）

苏格拉底（简称“苏”）

爱利亚客人（简称“客”）

泰阿泰德（简称“泰”）

塞：按照昨天的合议①，苏格拉底呀，我们如约②来到，并且带 216
来了这位客人，其种族③出自爱利亚，是巴门尼德和芝诺[一派]的追随者④，一位彻底的爱智者⑤。

苏：塞奥多洛呀，难道你没意识到，你带来的不是客人而是某

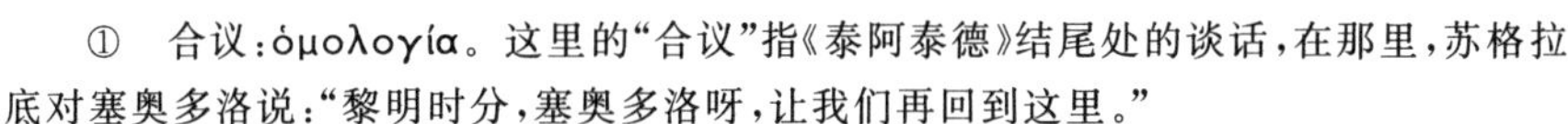

① 合议：ὁμολογία。这里的“合议”指《泰阿泰德》结尾处的谈话，在那里，苏格拉底对塞奥多洛说：“黎明时分，塞奥多洛呀，让我们再回到这里。”

② 如约：κοσμίως。该副词可以理解为“严格地”或“规矩地”，此处译作“如约”，可以诠释为“严格遵照约定的时间和地点”。坎贝尔注：“κοσμίως”的意思是“像守规矩的人那样”(like well-behaved people)、“守本分地”(as in duty bound)。

③ 种族：γένος。“γένος”既可表示“种族”、“种类”，也可表示“类型”、“理念”，是本篇对话录的关键词之一。

④ 追随者：ἑταῖρον。伯奈特把本句辑为“ἑταῖρον δὲ τῶν ἀμφὶ Παρμενίδην καὶ Ζήνωνα [ἑταίρων]”，最后的“ἑταίρων”有可疑的地方。如果没有“ἑταίρων”，则爱利亚客人是巴门尼德和芝诺这两人的“追随者-伙伴-朋友”，如果有“ἑταίρων”，则爱利亚客人是巴门尼德和芝诺的“追随者们的追随者”，即他们一派的追随者。坎贝尔的注释和多种英译文都倾向于后者。

⑤ 爱智者：ἄνδρα φιλόσοφον。该词组如果按字面译作“爱智慧的男子”，意思太弱，如果译作“哲学家”，意思则太强，所以我们取折中的“爱智者”。柏拉图已经用“ὁ φιλόσοφος”(爱智者)来表示一类特定的人格了，他在《理想国》中拿“爱智者”与“爱荣誉者”(ὁ φιλότιμος)和“爱钱财者”(ὁ φιλοχρήματος)相对。

b 位神——按照荷马的说法？[①] 他说，各位神明，尤其是陌生人的[保护]神[②]，参与[③]到谦逊且正义的人们中间，一同前来监察凡人的放肆与善良。随同你来的这位可能就是某位超凡者[④]，作为一位辩驳之神[⑤]，来监察和辩驳我们，因为我们在论证方面是贫弱的。

塞：这不是这位客人的性格[⑥]，苏格拉底呀，他比热衷于辩论
c 的人更有分寸。在我看来，这个人决不是神，而是神性的，因为我这样来描述所有这类爱智者。

苏：美哉，朋友。然而，或许可以说，这个种类并不比神的种类更容易辨别。由于其他人的误解，这些人幻现为各种样子，“游走于众城邦”[⑦]，这些真正的[⑧] 而非假冒的爱智者，从高处俯察

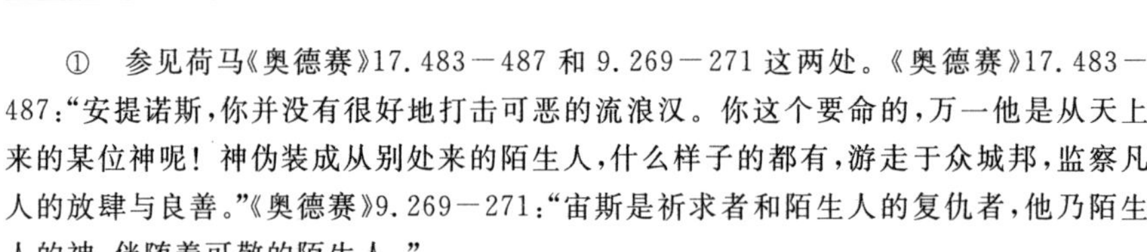

① 参见荷马《奥德赛》17.483－487 和 9.269－271 这两处。《奥德赛》17.483－487：“安提诺斯，你并没有很好地打击可恶的流浪汉。你这个要命的，万一他是从天上来的某位神呢！神伪装成从别处来的陌生人，什么样子的都有，游走于众城邦，监察凡人的放肆与良善。”《奥德赛》9.269－271：“宙斯是祈求者和陌生人的复仇者，他乃陌生人的神，伴随着可敬的陌生人。”

② 从荷马的上下文来看，“陌生人的保护神”指的是宙斯。

③ 参与：μετέχειν。该词作为哲学术语时一般译作“分有”。本篇对话录后面关于“通种论”的讨论中将涉及“分有”概念，参见 238e2，255b3－e3，260d3－d8。

④ 某位超凡者：τις τῶν κρειττόνων。其字面意思是某个更强大或更卓越的东西，表示比凡人更高级的存在，即“神”或“半神-英雄”。

⑤ 克莱因指出，“辩驳之神”是苏格拉底拿客人的家乡“爱利亚”来开了个玩笑，因为希腊文“辩驳的”（ἐλεγκτικός）与“爱利亚”（’Ελέα）的头三个字母相通，有谐音关系。参见克莱因《柏拉图的三部曲》（成官泯译），第 10 页。

⑥ 坎贝尔注：参考柏拉图《泰阿泰德》161b：“οὐχ οὗτος ὁ τρόπος Θεοδώρου”（这不是塞奥多洛的性格）。

⑦ 参见荷马《奥德赛》17.483－487。

⑧ 真正的：ὄντως。该词是从动词“εἶναι”（to be）引申出来的副词，英文常译为 really，也有人将其强译作“beingly”。在汉语中我们根据语法要求将其翻译为形容词。

下界的生灵。有些人将其视为一文不值；另一些人将其视为值得起一切。他们有时幻现为政治家，有时幻现为智者，有时甚至给人 d
以这样的意见[①]，即他们是十足的疯子。然而，我情愿问这位客人，假如他乐意的话，他那个地方的人们如何考虑和命名这些 217
［人］。

塞：究竟哪些？

苏：智者，政治家，爱智者。

塞：你想要问的最大困惑是什么，什么样的困惑？

苏：也就是说：他们把所有这些认定为“一”还是“二”，还是像他们的名称那样把他们认定为“三”？他们将其区分为三个种类，并各自冠以一个名称吗？

塞：我认为，他对谈论这点并没什么嫌恶，不然我们该怎么说，客人？

客：是这样，塞奥多洛。我没有嫌恶，而且要说这点也不困难： b
他们把这些认定为“三”。但是，要清楚地界定其各自究竟是什么，则是一件既不小也不易的工作。

塞：的确很碰巧，苏格拉底呀，你提的这些话题与我们来这里之前问他的那些非常相近。正如现在对待你那样，他当时推托了我们。尽管他说，他曾经充分地聆听过，而且尚未忘记。

“εἶναι”至少可以有表“真”、表“实”这两重意义。“ὄντως”这个字体现了它的表真意义。这里提到“假冒”（πλαστῶς）与“真正”（ὄντως）之间的对立，它暗示了本篇对话的一个核心问题，亦即“虚假”与“真实”之间的区分问题。

① 意见：δόξα。该词可以表示“意见”或“臆见”，也可以表示“名声”，这里可能用作双关。

c　苏：所以，客人呀，不要拒绝我们向你请求的首个恩惠，对我们多作阐述吧。你习惯上乐意用长篇大论独自叙述想要证明的东西，还是用提问法？——例如巴门尼德曾经运用提问法周详地展开了美妙的论证，当时我还是年轻人，而他则是很老了。

d　客：苏格拉底呀，如果对谈者是不找麻烦并且好引导的人，用提问法比较容易，那么就跟他对谈①；否则的话，就自己讲。

苏：既然这样，你可以从在场的人当中任选一位，因为这里所有人都会温和地应答你；但如果你采用我的建议，可以选择一位年轻人，即这位泰阿泰德，除非你喜欢其他某人。

客：苏格拉底啊，我有些惭愧，现在第一次与你们相处就不按
e　简短的逐句对谈来进行交流②，而是独自个——即便对着他人，展开冗长的演说，似乎在炫耀自己③；现在这个论题确实④不是像某些人在这个提问中所期望的那个规模，实际上它会是很长的论证。但是，如果不“施惠于”（χαρίζεσθαι）你以及诸位——何况你

① 参考《巴门尼德》137b。

② “συνουσία”有“交往”、“共处”、“交流”等意思。该字出自动词“σύν-ειμι”的分词形式。“εἰμί”（不定式“εἶναι”）在这里决不能仅理解为所谓的系词“是”。我们只要稍微考察一下“σύν-ειμι”（共在，交流），“πάρ-ειμι”（出场，存有），“ἄπ-ειμι”（缺场）等词的意思，就知道“εἰμί”的意义比单纯所谓的系词“是”要更加丰富得多。那些强行要求把希腊语动词“εἰμί”翻译为“是”的人要是把上述这些词翻译为“共是”、“出是”和“缺是”，那就要闹笑话。事实上，要求把希腊文中每一处的“εἰμί”翻译成“是”是不可能的。“εἰμί”也决不仅仅是所谓的“系词”，它并不比任何其它所谓实义动词更缺乏“实义”。

③ “ἐπίδειξιν ποιούμενον”的意思是“炫耀”或“炫示”（自己的口才、雄辩）。

④ “确实”翻译“τῷ ὄντι”，这是个惯用语。“ὄντι”是“εἰμί”的中性单数第三格形式的分词，它与“ὄντως”一样体现了“εἰμί”的“表真含义”。

已经说过这话，我就会显得有些不客气和粗野。我完全接受泰阿 218
泰德作为对谈者，因为先前我与他交谈过，并且现在你向我推荐。

泰：那么，客人呀，按照苏格拉底所说的这样，你将施惠于每个人吗？[①]

客：恐怕对此再没什么可说的了，泰阿泰德；从现在开始，这个论证似乎要冲着你来了。倘若由于它的冗长使你劳累和烦躁，那么不要因此责怪我，而要责怪你的这些朋友。

泰：至少我觉得现在无需推辞。但若发生这种情况，我们将携 b
请这位苏格拉底，他既是苏格拉底的同名者，也是我的同龄和陪练[②]，时常与我共同致力于许多事。

客：说得好！在论证进行当中，你可以对它私自有所思考；但
你要与我共同来考虑第一个开端，在我看来，现在就从智者出发， c
通过“定义”（λόγος）来探寻并显明它究竟是什么。因为现在你和我共同拥有的只是它的“名称”，但是，关于我们所称呼的那个“事”（ἔργον），我们或许私自有不同的想法。然而，在任何情况下我们始终应该通过“定义”就“事物自身”[③]而不是仅仅就缺乏定义的

① 此句伯奈特辑为陈述句，而坎贝尔和傅勒都辑为疑问句。我认为后者是切合语境的。伯奈特很可能把疑问词“᾿Αρα”当成了“Δρα”。泰阿泰德恐怕爱利亚客人将给他带来负担而不是惠泽，故有此问，这从爱利亚客人下面的回答可知。

② “陪练”翻译“συγγυμναστής”，其意思是“共同训练者”。“训练”本来指体育或健身，但柏拉图也用它指思想上的训练。参考《巴门尼德》134d1－7。

③ 事物自身：τὸ πρᾶγμα αὐτό。“πρᾶγμα”的意思是广义的“事物”或“实事”。

“名称”达成共识。我们现在想要去探究的这个族类[1]，亦即智者，它究竟是什么，这点非常不容易把握。老早以前大家就这么认为：对于重大的事情应该好好努力去做，而且在处理重大事情本身之
d 前，应该就细小且容易的事情进行练习。那么现在，泰阿泰德呀，我心想这样建议：鉴于智者这个族类是难以对付和不易捕猎的，让我们先行练习捕猎其他较容易者的方法，除非你拥有更便利的出发点并且说出别的途径。

泰：我没有。

客：那么，你一定愿意我们来尝试某个浅显的东西，并把它设定为较重大的东西的范例，对吗？

e 泰：对。

客：我们可以预先提出什么东西，它既好懂又微小，但是它的“定义”比得上更重要的东西？就拿“钓者”来说吧——每个人都了解，也不值得太多重视，对吗？

泰：是这样。

219 客：但是，我希望他可以提供符合我们要求的“方法”和“定义”。

泰：若是这样，当然很好。

客：那么来吧，让我们以这个方式开始。告诉我：我们将把他设定为有技艺的人，抑或某种无技艺而拥有其他能力的人？

泰：他不可能是无技艺的人。

---

① 族类：φῦλον。该词的意思与“种类”（γένος）相近，不过它更突出强调了生物意义上的“族群”或“种系”。

客:全部技艺大体上有两个类型。

泰:怎么讲?

客:农艺以及对各种生物①的料理,还有对合成物和制造物,
即所谓“器具”的料理,还有“模仿术”,所有这些都可以非常恰当地 b
用一个名称来称呼。

泰:怎么讲?用什么?

客:只要有人将先前某个“非存在者”(μὴ ὄν)导致为“存在”(οὐσία),那么,我们说,这个导致者“制作”,这个被导致者“被制作”。

泰:正确。

客:我们刚刚谈及的全部技艺都有这样的能力。

泰:的确有。

客:那么,让我们把它们综括起来,称为“制作术”。

泰:可以。 c

客:另一方面,诸如学习、认知、赚钱、争斗和捕猎这些的整个类型,由于它并不制造任何东西,而只是用言语或动作对“现存者”和“已生成者”进行控制,或者不屈服于被控制,所以,这些部分的整体可以很合适地被说成“占有术”。

泰:对,这很合适。

客:既然全部技艺包含占有术和制作术,泰阿泰德呀,我们应 d
该把钓术放到两者中的哪一边呢?

---

① “τὸ θνητὸν πᾶν σῶμα”的字面意思是:各种有死的“物体-身体”,在这里表示一般意义上的“生物”。乔伊特译作“mortal creatures”,傅勒译作“any living beings”。

泰:显然应该放到占有术这边。

客:占有术岂非有两个类型?其中一个是通过礼物、酬金和商品进行自愿对自愿的交换;其余的那些,无论通过行为还是通过言语进行控制,都是“控制术”,对吗?

泰:依上所述,显然如此。

客:再者,控制术岂不可以对半划分?

泰:以什么方式?

e 客:把整个公开的控制术设定为“争斗术”,再把所有隐蔽的控制术设定为“捕猎术”。

泰:对。

客:不可以把捕猎术对半划分是“不合理的”(ἄλογος)。

泰:请说,以什么方式划分?

客:通过划分无灵魂的种类和有灵魂的种类。

泰:的确可以,倘若存在这两者。

220 客:当然存在。不过我们应该把捕猎无灵魂的东西忽略掉,它是没有名称的,除了如“潜水术”[①]之类琐碎的部分;然而,捕猎有灵魂的动物可以称作“动物捕猎术”。

泰:正是。

客:动物捕猎术岂不可恰当地说成两个类型:其中一个涉及陆上行走的种类,即“陆上捕猎术”,可分为许多类型和名称;另一个涉及会游泳的动物的整体,即“水中捕猎术”,对吗?

泰:的确。

① 表示“潜水取海绵”。

客：会游泳的动物，我们看到其中一个是有羽翼的族类[①]，另一个是居于水中的族类。 b

泰：当然。

客：我们把捕猎有羽翼的种类全都说成某种“捕禽术”。

泰：说得对。

客：捕猎居于水中的种类大概可总称为“捕鱼术”。

泰：对。

客：再者，这种捕猎岂不又可划分为两个最大的部分？

泰：按照什么？

客：按照这个：一个通过罗网来进行捕猎，另一个通过击打。

泰：你的意思是什么？如何将这两者划分开来？

客：所有为了阻止和限制某个东西而用来包围的东西几乎都可命名为罗网。 c

泰：的确。

客：笼、网、套、簏以及类似这些，我们必须称呼它们为罗网，除此还会是别的什么东西吗？

泰：不会。

客：因此，我们把这个部分的捕捉说成“网罗捕猎术”，或者类似某个说法。

泰：对。

客：然而，用钩子和三叉戟进行击打的那部分捕捉与此不同[②]。

① 指能够在水上游的水鸭、天鹅之类。

② 不同：ἕτερον。“不同”或“差异”在本篇对话后面将成为一个重要术语。

d 我们现在需要用一个说法将其称呼为“击打式捕猎”，或者谁可以说出什么更美的名称，泰阿泰德？

泰：让我们别在意名称，因为这个名称就够好了。

客：那么，“击打术”当中有在夜晚就着火光进行的，我想，猎人自己将它称为“火渔术”。

泰：的确。

客：另一种在白天进行，因为甚至三叉戟在尖端也有钩子，故全都可称为“钩渔术”。

e 泰：说得对。

客：然后，在属于击打术的钩渔术之中，有一种从上往下而进行，由于它最常使用三叉戟，我认为可称之为“叉渔术”。

泰：至少有些人这么说。

客：那么，所剩的就只还有一个类型可说了。

泰：是什么？

客：它与这种击打方式相反，用钩子来进行，并不触及鱼的身
221 躯的某处，如用三叉戟那样，而每次只针对猎物的头和嘴，用小竿子和芦苇秆朝相反的方向由下往上拖拉起来，我们说它必须叫做什么名称，泰阿泰德？

泰：在我看来，我们刚才预设必须去发现的东西现在已经找到了。

客：所以现在，关于“钓术”，你和我不仅就其“名称”达成了共
b 识，而且充分地领会了这“事情本身”[①]的“定义”。一切技艺的半

① 事情本身：αὐτὸ τοὖργον= αὐτὸ τὸ ἔργον。

个部分是占有术，占有术的一半是控制术，控制术的一半是捕猎
术，捕猎术的一半是动物捕猎术，动物捕猎术的一半是水中捕猎
术，水中捕猎术的下面一半作为整体是捕鱼术，捕鱼术的一半是击
打捕鱼术，击打捕鱼术的一半是钩渔术，它的一半是由下往上的拉
拽式击打①，它的名称跟动作本身相像，也就是当前所探寻的"钓 c
术"②。

泰：那么，它的确得到了全然充分的澄明。

客：来吧，按照这个范例，让我们努力去发现智者：它究竟是什么。

泰：当然可以。

客：刚才探讨的第一个问题是：我们应该把钓者设定为"无技艺的庸人"还是某种有技艺的人？

泰：对。

客：而现在，对于这一位，泰阿泰德，我们应该把他设定为"无 d
技艺的庸人"，还是全然真正的"智者"③？

泰：决不是"无技艺的庸人"，因为我懂你的意思：拥有"智者"这个名称的人决不会是这类人。

客：那么，我们似乎应该将他设定为具有某种技艺的人。

泰：这种技艺究竟是什么呢？

---

① "拉拽式击打"的希腊文是"πληγὴν ἀνασπωμένην"。参考下注。

② "钓术"的希腊文是"ἀσπαλιευτική"。这个词的词源并不清楚，但是柏拉图似乎认为它与"ἀνα-σπάω"（向上拉拽）有一点关联。

③ "ἰδιώτης"（无技艺的庸人）与"σοφιστής"（智者）在字面上可以看作一组反义词，前者表示"一无所长的人"、"无任何专门知识和技艺的人"，后者可以表示"大师"、"专家"、"拥有知识和技艺的人"。

客:啊,众神!我们竟然不知道这个人和那个人是"同类"?

泰:谁和谁?

客:钓者和智者。

泰:以什么方式?

客:这两者都向我呈现为猎人。

e　泰:这位属于什么猎人?那位我们已经讲过了。

客:我们刚才把全部捕捉物划分为两半,通过将其分为游泳的部分和陆行的部分。

泰:对。

客:我们已经详细说明了前者,即与水中的游泳者有关的部分,但是当时我们放弃了尚未得到划分的陆行者,只是说它是多样的[①]。

222　泰:的确。

客:从占有术出发直到这里为止,智者和钓者走着同一条道?

泰:好像如此。

客:他们从动物捕猎术这点分道扬镳了,其中一个去海洋、河流和湖泊,捕猎那里的动物。

泰:确实。

客:而另一个去了陆地,或者一些不同类型的河流,譬如充满富家公子的草地,以控制那里的猎物。

b　泰:你意指什么?

客:陆行的猎物有两个最大的部分。

---

① 多样的:πολυειδὲς。该词由"多"(πολύ)和"样-类型"(εἶδος)衍生而来。

泰:分别是什么?

客:其中一个是温驯的,另一个是凶野的。

泰:难道会有对于温驯动物的捕猎吗?

客:当然,倘若人是温驯动物的话。不过随你喜欢而定,或者设定没有温驯动物;或者设定有某种温驯动物,但人是凶野动物;或者说人是温驯动物,但没有对于人的捕猎。无论你喜欢认定哪一种说法,把这个界定告诉我们。

泰:客人,我认为我们是温驯动物,而且我断定有对于人的 c
捕猎。

客:那么,让我们说温驯动物捕猎术也是双重的。

泰:根据什么我们这样说?

客:"海盗术"、"奴役术"、"僭主术"和全部的"战争术",我们把这一切界定为一个东西,即"暴力性捕猎"。

泰:好极了。

客:"法庭讼辩术"、"公众鼓说术"和"对谈术",这整个也可以界定为一个东西,称呼它为一种"说服术"。

泰:很恰当。 d

客:那么,让我们来谈说服术的两个种类。

泰:是什么?

客:其中一个出现在私下里,另一个出现在公众中。

泰:的确出现了这两种不同类型。

客:在私下捕猎术中,其中一个是"酬金赚取术",另一个是"礼物赠与术",难道不是吗?

泰:我不懂。

客:你好像从来没有留心恋爱者的捕猎方式。

泰:什么意思?

e 客:他们向被捕猎者赠送礼物。

泰:你说得非常正确。

客:那么,就把这个类型当作“爱的技艺”。

泰:可以。

客:在酬金赚取术当中,其中一个通过恩惠与人交际,纯粹用
223 快乐作为诱饵,为他自己的生计而营取酬金,我认为,我们所有人都会断言它是“奉承术”或某种“取悦术”。

泰:当然。

客:另一个宣称为了“美德”的缘故而进行交际,另一方面却又索取现金作为报酬,这个种类岂不值得用别的名称来称呼?

泰:当然。

客:这个名称是什么?试着说说。

泰:这很清楚。在我看来,我们已经发现了智者。就我而言,我认为这个专有的名称可以称呼他。

b 客:按照现在这个论理,泰阿泰德呀,它是属于控制的、捕猎的、捕猎动物的、捕猎陆上动物的、捕猎驯服动物的、捕猎人类的、通过说服来捕猎的、私下里捕猎的、赚取酬金的、宣称提供教育的专门技艺,它把富有和显贵的青年当作猎物——我们的论证得出结论,它应该被称为“智术”。①

泰:完全没错。

① 这段希腊文在不同的编辑本中有些出入,这里稍有订正。

客：让我们继续以下面这个方式进行察看；因为现在所探寻的 c
这种人并不是只分有某种浅陋的技艺，而是分有非常复杂的技艺。并且，在之前的论述中出现了一个“幻像”（φάντασμα）：智术并非现在我们所断言的这种技艺，而是另外的某个种类。

泰：怎么会？

客：占有术的确有两个类型，其中一个是捕猎术的部分，另一个是交换术。

泰：的确如此。

客：那么，让我们来说交换术的两个类型，其中一个是“赠礼术”，另一个是“市场经营术”？

泰：可以这么说。

客：我们进而说市场经营术也可划分为两方面。

泰：如何？ d

客：一方面，把自产者的技艺划分为“自营术”；另一方面，把交易他人产品的技艺划分为“交易术”。

泰：的确。

客：再者，交易术中岂非大概有一半的部分是针对本城邦的，被称为“零售术”？

泰：对。

客：通过购买和售卖的方式从一个城邦到另一个城邦的交易术就是“商贸术”。

泰：当然。

客：我们是否觉察到在商贸术之中，通过交换现金的方式，其 e
中一个贩卖供养身体和为身体所用的东西，另一个贩卖供养灵魂

和为灵魂所用的东西。

泰:你这话的意思是什么?

客:或许我们不认识灵魂方面的,但另一方面的你必定晓得。

泰:对。

224 客:让我们说,各种“文-艺”(μουσική)从一个城邦不断被购买到另一个城邦,从一个地方被运往另一个地方(并且被出售)①,如“绘画”和“魔术”②,以及许多其它与灵魂相关的东西。它们有些迎合消遣之需,有些迎合严肃之需而被运送并出售。这些运送者和出售者可以被正确地说成商人,就像那些食物和饮料的贩卖者。

泰:说得非常正确。

b 客:如果有人收购“学问”并从一个城邦到另一个城邦交易这些学问以赚取钱财,你岂不称呼他为同样的名称?

泰:确实如此。

客:这个“灵魂商贸术”的其中一种岂不可以非常恰当地说成“表演术”?而另一种比这前一种更加可笑,我们是否必须用某个与其行为相匹配的名称来称谓这种贩卖学问的人?

泰:当然。

c 客:那么,这种“学问贩卖术”当中,其中一个是针对其它各门

① 伯奈特把“并且被出售”加上括号,表示这些文字的可靠性待考。

② 魔术:θαυματοποιική。该词的字面意思是“制作奇迹的技艺”,主要指“魔术”,参考268d2。在本篇对话录后面(234a—235b),爱利亚客人明确把智者描述为某种“魔术师”,其中235a1和235a8的用词是“γόης”,235b5的用词是“θαυματοποιός”。另外,在225e4和236d1中,智者两次被说成“神奇的人”(θαυμαστός),而在233a9中提及智术能够带来“神奇”或“奇迹”(θαῦμα)。

技艺的学问,它们应当用一个名称来称呼,另一个是针对“美德”的学问,它应当用另一个名称来称呼。

泰:当然。

客:“技艺贩卖术”很适合前一个,而后一个让你来尝试说出它的名称。

泰:除了我们现在正要探寻的这种“智术”之外,谁能说出什么别的更靠谱的名称呢?

客:没别的名称了。来吧,让我们将它总结一下,这么来说:这
个属于占有术、交易术、市场经营术和商贸术中贩卖关于美德的言 d
论和学问的灵魂商贸术,它第二次显现为智术。

泰:的确。

客:假如某人定居在城邦里,购买或者自己创作涉及这个方面的学问,并且进行出售,以此维持生计,我觉得你不会用别的名称而会用刚才这个名称第三次来称呼他。

泰:我当然会。

客:那么,属于占有术、交易术和市场经营术当中的零售术或 e
自营术,这两者,只要是涉及学问贩卖这一类,很显然,你永远会将其称呼为“智术”。

泰:这是必然的,我们必须遵从论证的引导。

客:让我们继续进行考虑:我们现在所追踪的这个种类是否还表现出下面的情形。

泰:什么情形? 225

客:我们说过,争斗术是占有术的某个部分。

泰:我们的确说过。

客:那么,把它划分为两半不算离谱。

泰:说吧,怎么划分?

客:我们把其中一部分定为“竞赛术”,另一部分定为“战斗术”。

泰:就是这样。

客:战斗术中有一种表现为身体与身体的对抗,所谓“暴力”是一个合适而得当的名称。

泰:对。

b 客:另一种表现为言语与言语的对抗,泰阿泰德呀,除了“论战”之外,人们还将其说成别的什么吗?

泰:没有了。

客:但是,论战也应当设定为两种。

泰:如何?

客:其中一个,当论战发生在公开场合,涉及正义与不正义,而且表现为长篇大论与长篇大论的对抗,这就是“法庭讼辩”。

泰:对。

客:另一个则相反,它在私下场合里以一问一答的方式分段进行,除了我们习惯上称之为“争论术”之外没有别的名称吧?

泰:没有。

客:在争论术之中,有一种涉及商业契约,是随意而不具有专
c 业性的论战,它应当设定为一个类型,因为这个论证已经将它考虑为与另一个类型不同。不过前人没有给它一个名称,现在它也不值得从我们这里得到命名。

泰:没错,因为它已经被划分为很小的部分。

客:但另一个专业性的类型,它针对包含正义和不正义本身在内的所有事情进行论战,我们习惯上称之为"辩论术",对吗?

泰:当然。

客:辩论术中的一类实际上是费钱的,另一类则是赚钱的。 d

泰:完全对。

客:让我们尝试给它们各自冠以一个名称。

泰:必须的。

客:我觉得,由于这种消遣带来的快乐而疏忽自己的业务,并且这种谈话方式让许多听众不高兴,就我所知这没别的说法,就叫做"饶舌术"①。

泰:人们大致是这么说的。

客:那么,与之相反的、从私下的辩论中赚钱的那个类型,现在 e
轮到你尝试把它说出来。

泰:除了那个我们正在追踪的、第四次出现的神奇的人——"智者"——之外,还有人能说出别的答案而不至于犯错误吗?

客:没有了。显然,现在这个论证已经揭示:智者属于占有、竞 226
争、战斗、论战、争论中的辩论术当中赚钱的种类。

泰:确实如此。

客:那么你是否看到,这个说法是正确的:这个猎物是复杂的;正如谚语所说:只手难擒。

① 饶舌术:ἀδολεσχική。参考《泰阿泰德》195b,苏格拉底说自己是"饶舌者",这是出于反讽语气。

泰:那么必须用双手。

b 客:我们必须如此,而且应当尽力来这样做,即沿着下面这个足迹来追踪他。告诉我,我们用家务事的一些名称来称呼某些事,对吗?

泰:对,多得很。但是,你要问的是其中哪些?

客:以下这些,亦即我们所说的:筛、滤、簸和掰。

泰:这又怎样?

客:与此相对的有梳、纺和织,以及我们所知道的其他成千上万的这类技艺,不是吗?

c 泰:你提出这些来作为全部这类技艺的范例,想要说明什么?

客:所有提及的这些都可以说成"划分性的"。

泰:对。

客:那么,按照我的论理,有一种技艺涉及所有这些,它值得我们给以一个名称。

泰:我们将其称作什么?

客:划分术。

泰:就是这个。

客:考虑一下,我们能否以某个方式洞察到它的两个类型?

泰:你指派的这个考察任务对我而言太匆促了。

d 客:在我们刚才所说的划分中,其中一个是把"低劣的东西"与"优秀的东西"分离开来,另一个是把"类似的东西"与"类似的东西"分离开来。

泰:现在你这样一说,这就很明显了。

客：关于后者，我们并没有名称；但是，关于存优去劣的划分，我倒有个名称。

泰：说吧，什么？

客：所有这一类的划分，据我的理解，每个人都称之为某种“净化”。

泰：就是这么说的。

客：每个人都能看到“净化术”的类型是双重的，不是吗？ e

泰：对，或许在闲暇的时候，但是至少我现在没察觉到。

客：涉及身体的许多类型的净化术可以总括起来并用一个名称来称呼。

泰：它们是什么？用什么名称？

客：涉及有生命者的身体内部的净化可以恰当地划分为“健
身术”[①]和“医术”，而涉及身体外部的说来则很平庸，譬如“沐浴 227
术”。涉及无生命的物体的净化，“漂洗术”和各种“装饰术”给予了关注，按照细微的划分，这些技艺似乎拥有许多可笑的名称。[②]

泰：的确。

客：完全没错，泰阿泰德。但事实上，无论“海绵擦洗术”还是“药物服用术”，不管它带来的净化对我们的帮助是小还是大，“论

① 健身术：γυμναστική，也译为“体育”。

② 本段出现的“身体”和“物体”在古希腊语是同一个词“σῶμα”，该词既可以表示人或动物的“身体”，也可以表示无生命的“物体”，类似英文的“body”。柏拉图已经注意到了这两层含义的差别，参见227b7。

证的方法”[1]给予它的关注不会少一些也不会多一些。这个方法
b 只是着眼于获得“理智”(νοῦς),而去尝试理解各种技艺究竟是“同类”还是“非同类”;因此,它把这些技艺全都视为等值的,在作比较的时候不认为其中一些比另一些更为可笑。“将领术”作为捕猎术而言并不被认为比“捉虱术”更庄严多少,但却更受夸耀。你刚才问到我们该给所有这些净化有生命的身体或无生命的物体的
c 能力冠以什么名称,就此问题而言,什么名称显得最恰当对于我们的论证进程并没有太大关系,只要它把所有针对其他东西的净化与针对灵魂的净化区别开来就行了。因为我们当前要做的事情是尽力把针对理智的净化与针对其他东西的净化区别开来。

泰:我晓得了。我同意有两个类型的净化,其中一个针对灵魂,另一个针对身体。

d 客:妙极了。现在注意下一步,尝试把刚才说的东西划分为两半。

泰:无论你怎么引导,我都会尝试与你一起来进行划分。

客:我们把灵魂中的卑劣说成与美德相异,对吗?

泰:当然。

客:而净化是保存其中一个,抛弃无论如何都是坏的东西。

泰:就是如此。

客:那么,就灵魂而言,当我们发现某些对“恶”的消除,我们将它说成净化岂不是很合适?

---

① 论证的方法:τῇ τῶν λογῶν μεθόδῳ。

泰：的确。

客：涉及灵魂的恶必须说成两个类型。

泰：它们是什么？

客：其中一个好像身体中出现的疾病，另一个好像身体中出现 228
的丑陋。

泰：我不晓得。

客：可能你并不把疾病与“纠纷”认作同一回事。

泰：对这一点我也不晓得我该怎么回答。

客：你难道认为，纠纷不是由于腐坏而导致的本性上同种类的东西之间的纷争，而是别的意思吗？

泰：不会是别的。

客：丑陋无非就是比例失调、处处显得畸形，对吗？

泰：完全没错。 b

客：再者，我们是否察觉到，在卑贱者的灵魂之中，意见之于欲望，愤怒之于快乐，理性之于痛苦，所有这些都彼此对抗？

泰：很明显。

客：然而，它们全部必然出现为同类？

泰：当然。

客：那么，如果我们把卑劣说成灵魂的纠纷与疾病，我们将说得很正确，对吗？

泰：正确之极。

客：如果运动的分有者[①]朝某个设定的目标进发，但每次都错 c

① “运动的分有者”在此表示“灵魂”。

过或偏离目标，我们应当说这是因为彼此合乎比例，还是不合比例？

泰：显然是因为不合比例。

客：我们确实知道每个灵魂都不会自愿误解任何东西，对吗？

泰：很明显。

d 客：当灵魂趋向于“真”，而意识出现了偏离，这就是“误解”（τὸ ἀγνοεῖν），它无非就是“偏离”。

泰：的确。

客：所以，缺乏理智的灵魂必须被设定为丑陋的和不合比例的。

泰：似乎如此。

客：如此看来，灵魂之中存在两个种类的恶：其中一个被众人称作“卑劣”，它很明显是疾病。

泰：对。

客：另一个他们称之为“无知-误解”（ἄγνοια）[①]，如果它只出现在灵魂中，他们就不愿承认它是恶。

e 泰：我必须完全承认，灵魂之中存在两个种类的恶，尽管你刚才说到这点的时候我对此尚有怀疑。一方面，怯懦、放肆和不公正等都应当被认为是我们之中的疾病；另一方面，各种各样的“无知”状况应当被认为是丑陋。

客：针对身体中这样的两种状况出现了两种技艺，对吗？

泰：它们是什么？

---

① 绝对的“ἄγνοια”可以理解为“无知”，相对的“ἄγνοια”可以理解为“误解”。

客：健身术（体育）针对丑陋，医术针对疾病。 229

泰：显然。

客：针对暴虐、不公正和怯懦，“惩罚术”是所有技艺中最为恰当的[①]。

泰：很可能，这么说至少符合人们的意见。

客：再者，针对各种“无知”的技艺不是教育术而是某些别的东西，这个说法会更恰当吗？

泰：决不。

客：来吧，我们应该说教育术是单纯一个种类还是有多个种 b
类，还是说，有两个最主要的种类，请考虑。

泰：我正在考虑。

客：在我看来，我们通过这个方式能最快地发现。

泰：什么方式？

客：让我们来看一下，“无知”是否可以按某种方式从中间进行划分。因为假如“无知”有两种，那么显然教育术必定具有两个部分，两个当中的每一个都对应其中一个。

泰：那么，你看清楚我们现在所要探寻的东西了吗？

客：在我看来，我的确看见了某个巨大且严重的“无知”类型， c
它与其它一切类型的“无知”相区别并且抵得上它们全部。

泰：它是什么？

客：不知道某个东西，却认为知道；恐怕正是由于它，理智中所犯的一切错误才出现在我们每个人当中。

① “最为恰当的”原文直译为“最接近正义女神的”。

泰：这是真的。

客：我认为，唯有这种“无知”被冠以“愚妄”之名。

泰：的确。

客：那么，教育术当中消除愚妄的这个部分应该用什么名称来表述？

d 泰：客人呀，我认为，它被我们称作“教化”，而与之相对的是技术教育。

客：泰阿泰德呀，几乎所有希腊人都是这么称呼的。不过，我们应该继续考察“教化”，看它是不可划分的整体还是有值得命名的某种划分方式。

泰：我们需要考察这点。

客：在我看来，还可以按某种方式对它进行划分。

泰：按照什么？

e 客：在言语的教育术当，有一种途径显得比较粗鲁，另外一部分则比较平和。

泰：我们该把它们各自称作什么？

客：其中一个是传统的父教，通常运用于自己的儿子，现在许
230 多人仍然在运用。当儿子犯了某个错误时，父亲有时对他们进行责难，有时则温和地进行劝诫——所有这些可以至为正确地说成某种“训诫术”。

泰：就是这样。

客：然而，有些人似乎给自己找理由，认为所有的愚妄都是不自愿的。那些自认为智慧的人从来不愿意学习任何他自认为很精通的东西，因而“教化”当中的训诫术这个类型承受许多麻烦并且

收效甚微。

泰：这个观点很正确。

客：于是，他们启用别的方式来排除“臆见”。 b

泰：用什么方式呢？

客：当某人自认为“说及某些东西”（τι πέρι λέγειν）但是却“没有任何意谓”（λέγειν μηδέν）的时候，他们就向这个人进行提问，由此很容易检察到这个人的臆见是游移不定的，然后他们把这些臆见归纳起来，进行相互比较，通过这种比较证明各个臆见关于同一些主题针对同一些事物在同一些方面上正好相互矛盾。那些
觉悟者就会责难自己，并温顺地对待他人；通过这个方式，他们从 c
自己的严重和固执的臆见中解脱出来，这个解脱给倾听者提供了最大的快乐，给接受者带来最持久的影响。年轻的朋友呀，照料身体的医生认为，除非某人排除了身体里面的障碍物，否则身体不能
从所提供的滋养中得享益处，同样，那些净化灵魂的人也认为，除 d
非通过辩驳使被辩驳者陷入羞愧之中，通过移除那些阻碍学习的臆见，向他呈明纯净的东西并使他认识到他只知道他所知道的而再无其他的，否则，灵魂不可能从任何所提供的学问中得到助益。

泰：这一定是各种品性中最优秀和最明智的。

客：由于这些缘故，泰阿泰德呀，我们必须断定辩驳是各种净
化之中最伟大的和最权威的。哪怕是一位帝王[①]，如果他在最重 e

① 帝王：βασιλεὺς ὁ μέγας，直译为“大王”，古希腊人通常用它来表示像波斯国王那样的君主。

要的方面没有受过辩驳，那么他在这些方面也会是未受教化的和丑陋的，而在这些方面要成为真正幸福的人就必须是最纯净的人和最美的人。

泰：完全没错。

231 客：再者，我们应该说谁在运用这门技艺？因为我担心把这些人说成智者。

泰：为什么呢？

客：免得我们把过高的荣誉加之于他们。

泰：但是刚才描述的那些的确很像智者。

客：犹如狼与犬显得相似，最凶野者与最温驯者显得相似。所有不想失足的人必须对相似的东西永远保持警惕，因为这个种类是非常滑的。不过，就算这种人是智者吧。因为我想当人们足够
b 警惕的时候，这种论战就不会只停留在一些细枝末节上。

泰：很可能不会。

客：那么，就让划分术中包含有净化术，再把净化术中针对灵魂的部分分离出来，其中有教育术，教育术中有教化术。教化术当中有针对空洞的“自以为是的智慧”(δοξοσοφία)[①]的辩驳，它在目前的论证中被表明为正统而高贵的智术，而非其他东西。

c 泰：让我们就这么说吧。但是，因为智术表现出了多种样子，我现在感到困惑：究竟应该怎么表述智者才是准确的，而且能确保所描述的是真正的智者。

---

① 参考 233c：“自以为是的知识”(δοξαστικὴ ἐπιστήμη)，以及 267d：“自以为是的模仿”(δοξομιμητική)。

客：你感到困惑是很自然的。但是也必须认定智者此刻也感到非常困惑：究竟如何继续从这个论证中溜脱。有一个很恰当的成语：天网恢恢，疏而不漏[①]。所以，现在让我们向他发起最后的总攻。

泰：说得太妙了。

客：首先，让我们站好并且喘口气，在休息之时让我们为自己 d
计算一下，智者已经向我们表现为多少个形象了。在我看来，第一，他被发现为捕猎富家公子酬金的猎人。

泰：对。

客：第二，他是经营与灵魂相关的各种学问的某种商人。

泰：的确。

客：第三，他岂不还表现为这些学问的零售者？

泰：对。第四，我们还发现他是各种学问的自营者。

客：你的回忆很正确。我来尝试回忆第五个。他也是在言论 e
方面进行争斗的某种运动员[②]，凭借辩论术与其他争斗术区别开来。

泰：的确。

客：第六个是未确定的，尽管如此，我们仍然同意并把他确定为净化者，净化灵魂中阻碍学问的臆见。

泰：完全没错。

客：然则，当某人表现出拥有多种知识，却又被冠以一种技艺 232

---

① “天网恢恢，疏而不漏”是意译，原文字面意思为“要逃脱每个人的追捕是不容易的”。

② 参考柏拉图：《小希庇亚》364a。

的名称，你不觉得这个现象有不妥之处吗？如果某个人对某种技艺产生这个印象，这表明他不能洞识所有这些学问所归属的这门技艺本身，所以才用许多名称而不是用一个名称来称呼拥有这门技艺的人，对吗？

泰：极可能是这种情况。

b 客：所以，不要由于懒惰而让我们的探究遭受这种情况。让我们回顾前面关于智者的众多描述，其中一个在我看来尤其显明了智者。

泰：哪一个？

客：我们的确说过，他是一个争论者。

泰：对。

客：再者，他还是其他人在这方面的教育者，对吗？

泰：当然。

客：让我们考虑一下：这类人声称能够让其他人针对什么主题
c 进行争论？来吧，让我们这样来开始这个考察：首先，他们能够做到让其他人针对众神——也就是多数人不太明白的事物——进行争论？

泰：人们确实说他们能做到。

客：其次也针对可见的大地、天空以及诸如此类的东西吗？

泰：当然。

客：再次，在私下交流中，每当说到某个东西整体的“变易”（γένεσις）和“存在”（οὐσία）的时候，我们知道不仅智者自己精通于争论，而且能使其他人也如他们那样做到这点。

泰：完全没错。

客：再者，针对法律和全部政治事务，他们岂不许诺使其他人 d
也能就此进行论战？

泰：假如他不许诺这个，可以这么说，那就没有任何人会跟他们说什么话。

客：此外，针对技艺整体以及单一的各门技艺，也就是那些用来在各种专业人士面前进行争论的东西，确实已经被写下来并且向任何想学习的人公布出来了。

泰：在我看来，你指的是普罗泰戈拉关于搏斗和其他技艺的书吧。

客：我的朋友呀，还有好多书哩！争论技艺的关键似乎在于有 e
足够的能力针对一切来应付论战，不是吗？

泰：几乎不会错过任何东西。

客：对众神发誓，年轻人，你认为这可能吗？或许你们年轻人对此看得更清楚，而我们老眼昏花了。

泰：看什么？你到底指什么东西？因为我对现在这个问题不 233
太理解。

客：是否有人能够认识“一切”。

泰：客人呀，如果这样，我们人类真是太有福了。

客：那么，某个无知识的人究竟是否可能正确地与有知识的人进行争论？

泰：决不。

客：那么，在智者的能力中究竟有什么“神奇”呢？

泰：就什么而言？

客：智者通过某种方式能使年轻人产生这样的臆见，亦即关于 b

一切东西他们在所有人中“是”最有智慧的。很明显，如果他们的争论不正确，对年轻人也“显得”不正确，或者，就算他们“显得”正确，但是他们的论战对于年轻人并不“显得”更有智慧，那么就会如你所说，几乎没有人愿意付钱给这些人并成为他们在这些方面的学生。

泰：如果那样，几乎没有人愿意。

客：然而，如今人们愿意吗？

泰：非常愿意。

c 客：我想，因为他们“显得”在所争论的这些东西上拥有知识。

泰：当然。

客：我们说，关于一切，他们都这么争论。

泰：对。

客：所以，关于一切，他们对学生们都“显得”有智慧。

泰：的确。

客：然而，他们并不“是”[有智慧的]，因为我们断定这不可能。

泰：当然不可能。

客：所以，智者对我们呈现为拥有关于一切的某种“自以为是的知识”(δοξαστικὴ ἐπιστήμη)[①]，但不是“真相”(ἀλήθεια)。

d 泰：完全没错，现在这个描述很可能是关于他的最正确的描述。

客：那么，让我们再采取一个更清楚的范例。

---

① 参考 231b：“自以为是的智慧”(δοξοσοφία)。

泰：是什么？

客：就是下面要提到的这个。请尝试向我提供最为细心的回答。

泰：什么问题？

客：假如某人声称，他不是知道如何论说和争论，而是知道如何通过一门技艺来制作和做出一切事物……

泰：你所说的"一切"是什么意思？ e

客：你简直对我们这个论述的出发点都不知道，因为你连这个"一切"都不懂。

泰：我的确不懂。

客：好吧，我的意思是，你和我属于这个"一切"，我们之外的其他动物和树木也属于这个"一切"……

泰：什么意思？

客：假如某人声称要制作出你、我以及其他一切自然物……

泰：你说的"制作"(ποίησις)是什么意思？你至少并不在说某 234
个农夫，因为你说这个人还是动物的制作者。

客：我是这个意思。而且，他还制作海洋、大地、天空和诸神，以及其他一切。更有甚者，他们在迅速制作出其中的每一个之后，还以低价出售。

泰：你在指某种"游戏"。

客：怎么？无论谁说他知道"一切"，并在短时间内可以将这些以低价教给他人，我们岂不必定将此认作"游戏"？

泰：完全没错。

客：你知道什么类型的"游戏"比"模仿术"更有技术性、更迷 b

人吗?

泰:绝对没有。你已经说出这个最广泛和几乎最复杂的类型,并把"一切"都综合成"一"了。

客:我们认识到了,那个许诺能够通过一门技艺制作"一切"的人能够通过绘画技艺造就与"诸实在"(τὰ ὄντα)[①]同名的"摹本",并从远处向愚鲁的少年人展示这些绘画,以致让他们误以为(λανθάνειν)这个人能够做出任何他想做的。

c 泰:的确。

客:再者,我们岂不还能发现另一种技艺,刚好是关于言辞方面的,有人能用它向远离事物"真相"(ἀλήθεια)的年轻人施魔法,通过往耳朵里说话的方式向他们展示"一切"的"语言影像"(εἴδωλα λεγόμενα),从而让他们以为他所说的是真的,而且以为这个说话者在所有人当中对于"一切"都是最有智慧的。

d 泰:为什么不可以有另一种这样的技艺呢?

客:泰阿泰德呀,过了足够长的时间,这些听众的年岁渐长,他们必然"遭遇"到周边的东西,并通过各种遭遇的逼迫而清楚地领略到"诸实在",从而改变了曾经拥有的臆见,于是重要的东

e 西会显得卑微,容易的事情则会显得困难,所有在言语中的"表象"(τὰ φαντάσματα)将被在实践中发生的事实完全颠倒过来,对吗?

① 此处复数的"τὰ ὄντα"既有表实含义,也有表真含义,意思是"真实存在者",兹译作"诸实在"。

泰:对,假如在我的年纪可以进行判断的话。但是我想,我尚且属于那些远离事物真相的人。

客:恰恰因为这点,我们这里的所有人都将努力,并且此刻正
在努力把你引导到尽可能接近真相之处而免掉那些“遭遇”。因
此,关于智者,请告诉我,目前这点是不是足够清楚了:他是某种魔 235
术师,是“诸实在”的模仿者,还是说,我们仍然在怀疑,认为他并非
“显得”能够针对一切进行争论,而是事实上对所有事物都“真正”
(ἀληθῶς)拥有知识?

泰:这怎么可能呢,客人?综上所述,这已经很清楚了,他确实属于某种“游戏”的参与者。

客:那么,我们可以把他设定为某种魔术师和模仿者。

泰:当然可以这样设定。

客:那么来吧!从现在起我们的工作是不要再让这个猎物逃
脱,因为我们在关于这类事物的论证中已经用某种工具把他围困 b
起来了,他起码逃脱不出下面这一点。

泰:哪一点?

客:他属于“魔术师”[①]中的某个种类。

泰:我对他也持这样的意见。

客:让我们尽快来划分“影像制作术”,并一直往下划分,一旦
我们直接面对智者,就遵照“论证之王”的命令抓获他,然后呈送并 c

① 魔术师:θαυματοποιός,其字面意思是“奇迹制造者”。康福德注:“θαυματοποιός”主要表示木偶戏表演者,但是此处用来涵盖各种类型的“模仿者”,包括艺术家、诗人和智者(参考 224a);他们都是“影像制作者”。

昭显此猎物。[1] 但是，倘若他以某个方式躲入模仿术的各部分之中，我们必须通过一直划分包含他的部分而紧跟着他，直到抓获。无论这个种类还是其他种类都绝对不能夸耀逃脱得出这样既能通过"个别"又能通过"普遍"来进行探究的人[2]。

泰：说得好！应当以这个方式来进行。

客：按照曾经的划分方式，在我看来，我发现了模仿术的两个
d 类型（εἴδη）。但是，我们所要探寻的这个类型（ἰδέα）[3]究竟是两个当中的哪一个，我觉得现在并不能知晓。

泰：你尽管先说出来，给我们作出划分：你所说的两个类型是什么？

客：我在其中发现一种"仿像技艺"。这是最为突出的，也就是在制作摹本的过程当中，时时刻刻遵循"范型"在长、宽和高上的比
e 例，此外还依照各个部分把对应的颜色进行还原。

泰：怎么？难道不是所有的模仿者都努力这样做？

客：不，那些制造或绘制巨大作品的人并不总是这样。因为，假如他们还原"美的东西"的真实比例，你知道，上面的部分会显得
236 小于必需的尺寸，而下面的部分则会较大，因为前者离我们的视野

---

① 康福德注：阿佩尔特（Apelt）表明此处暗指波斯人的追捕方法（称为"收网"），即让士兵们手拉手包围并清查某一地区的所有人。

② 亚里士多德的术语"καθ' ἕκαστον"（按照个别，特殊）与"καθόλου"（按照整体，普遍）可能来自于柏拉图的这个说法。

③ "εἶδος"和"ἰδέα"在这里表示"类型"，而不是作为形上学术语的"理念"。当然，这两个含义之间是有一定联系的。柏拉图似乎不对"εἶδος"和"ἰδέα"作严格区分，但是，"ἰδέα"常以单数形式出现，而"εἶδος"常以复数形式（εἴδη）出现；此处就是一个典型例子。

更远，而后者则离得更近。

泰：的确。

客：所以，工匠们背离“真实”(τὸ ἀληθές)，在制造塑像的时候不是按照真实的比例，而是按照看起来美的比例，对吗？

泰：确实。

客：所以，前一个因为是相仿的，岂不可以恰当地称为“仿像”？

泰：对。

客：对应这个部分的模仿术，正如我们在前面说过的，应当被 b
称为“仿像术”。

泰：应当这样称呼。

客：再者，从不美的视野看到的那个表现得与美的东西相仿的东西——如果某人有足够能力来观看这么宏大的事物的话，他会发现它与被认为相仿的东西并不相仿——我们应该把它叫做什么？由于它只“表现”为那样，却不“相仿”，故可以把它叫做“幻像”？

泰：的确。

客：这个部分包含了绘画以及其他许多模仿术。 c

泰：确实。

客：那么，这种造就“幻像”而非“仿像”的技艺可以非常恰当地称呼为“幻像术”，对吗？

泰：的确。

客：那么，这就是所说的两个类型的“影像制作术”：仿像术和幻像术。

泰：没错。

客：但是，我还在犹豫，究竟应当把智者设定为两者中的哪一

d 个。至少现在我尚不能够清楚地发现。这种人是真正神奇的和极难洞察到的。此刻，他又以巧妙的方式逃脱进了难以发现的类型之中了。

泰：似乎是这样。

客：究竟是因为你认识到了这点才认同，还是因为你已经习惯于被论证拖着走，仓促地认同？

泰：什么意思，你为什么这么说？

e 客：我的朋友呀！我们真正处于极端困难的考察之中了。“显得”与“看似”，却“不是”(μὴ εἶναι)[①]，而且，陈述了某些东西，却不真——所有这些无论在以前还是现在都一直充满了困惑。什么样的表达方式能用来陈述或判断“假”真地“是”[②]，而在表述这点的

237 时候不陷入悖论，泰阿泰德啊，这是极端困难的。

泰：怎么会？

客：这个陈述[③]竟敢设定“非是者是”，因为“假”不会以别的方式成为“是者”。但是，小伙子，伟大的巴门尼德从我们还是孩子的

---

① “εἶναι”在此处主要是表真。

② “ψευδῆ λέγειν ἢ δοξάζειν ὄντως εἶναι”有两种可能的断句方式，第一种是把“ψευδῆ ὄντως εἶναι”看作“λέγειν ἢ δοξάζειν”的宾语，第二种是把“ψευδῆ λέγειν”和“(ψευδῆ) δοξάζειν”看作“ὄντως εἶναι”的主语。我在博士论文中采取了第二种断句方式，与怀特的做法一致。经过再次思考，我认为该做法有误，这里改为第一种断句方式，与坎贝尔、康福德、伯纳德特等人的做法一致。

③ 如坎贝尔所示，“这个陈述”即“ψευδῆ ὄντως εἶναι”(“假”真地“是”，或，“假”真地“存在”)。

时候开始一直到最后都拒斥这个陈述，他用散文和韵文都说过：

> “决不能受这个所强迫：非是者是；
> 相反你在探究中要让思想避免这条道路。”

由于有了这个证言，最好的证明是对这个陈述进行适度的考 b
验。倘若你没有异议，让我们首先考虑这点。

泰：我听你的调遣。至于论证方面，你得考虑能获得结论的最佳途径，并使我能跟上你。

客：我会这样做的。现在请告诉我，我们竟敢表述“绝对非是者”（τὸ μηδαμῶς ὄν）吗？

泰：当然。

客：那么，不要为了辩论，也不要儿戏，听众当中是否有人能认 c
真想一下并且回答：“非是者”这个名称可以用来指什么东西？他会把这个名称应用在什么东西上面，为什么要用它，他用这个名词要向询问者说明什么？——对这些问题我们该怎么看？

泰：这是个难题。至少像我这样的人几乎完全没办法回答。

客：好吧，这点至少还是清楚的，就是说，“非是者”一定不可以指某个“是者”。

泰：确实。

客：既然它不能指“是者”，也就不能正确地指“某个东西”（τὸ τί）。

泰：为什么？

客：对我们而言，这点很显然：“某个东西”这个表达在任何时 d

候都表示“是者”；因为单纯谈论赤裸裸的、脱离一切“是者”的“某个东西”是不可能的，对吗？

泰：不可能。

客：你同意这种看法是因为当说到“某个东西”就必须至少说到“某一个东西”（ἕν τι）吗？

泰：是这样。

客：因为你断言“某个东西”所表示的是“一个东西”，“某双东西”所表示的是“两个东西”，而“某些东西”所表示的是“多个东西”。

泰：的确。

e 客：那么，似乎某人在说“非任何东西”（μὴ τί）的时候，必定毫无所说[①]。

泰：必定如此。

客：我们也不能同意这点：某人既在说某个东西，却又无所说。反之，在他试图表述“非是者”的时候，我们必须断定他根本不在说话，对吗？

泰：这个表述确实可以终结这个困惑。

238 客：且不要说大话。我的朋友呀，因为这才是最大和最首要的困惑，这才触及到了困惑的开端呢。

泰：这怎么讲？说吧，别犹豫。

客：一方面，“是者”一定可以附加于其他某个“是者”。

---

① “毫无所说”：μηδὲν λέγειν。此表达式的字面意思是“说无”，一般指“无所意谓”，“talking nonsense”，有时被用来表示“说废话”。

泰：的确。

客：另一方面，我们能把某个“是者”附加于“非是者”吗？

泰：这怎么能？

客：好吧，我们设定全部“数”都属于“是者”。

泰：当然，正如别的某个东西可以被设定为“是者”一样。 b

客：那么，我们就别试图把数的“多”或“一”附加于“非是者”上面。

泰：按照上述论证，如果我们试图这么做，不管怎样都是不正确的。

客：那么，脱离了数，一个人怎么能通过口头来表达“诸非是者”或“非是者”，或者，怎么能在心里思考它们？

泰：请告诉我。

客：一方面，当说“诸非是者”[①]的时候，我们试图附加上“数” c
方面的“多”，对吗？

泰：的确。

客：另一方面，当说“非是者”[②]的时候，我们又试图附加上“一”，对吧？

泰：非常明显。

客：我们说过，试图把“是者”附加于“非是者”既不恰当也不正确。

---

① “τὰ μὴ ὄντα”（诸非是者）属于复数形式。

② “τὸ μὴ ὄν”（非是者）属于单数形式。

泰:说得很对。

客:那么你理解了:“绝对非是者”[①]不可能正确地被表述、论说和思考,相反,它是不可思的(ἀδιανόητον)、不可说的(ἄρρητον)、不可表述的(ἄφθεγκτον)和不合理的(ἄλογον)。

泰:完全没错。

d 客:那么,刚才我说这才是最大的困惑,当我这么说的时候,岂不在说假话(ψεύδειν)?

泰:但是,我们还可能说出别的某个更大的困惑吗?

客:怎么,好小伙子呀,你没理解我刚才说过的那些话吗?也就是说,“非是者”甚至迫使驳斥者感到困惑。无论谁试图驳斥它,都被迫陷入自相矛盾。

泰:这怎么讲?请说得更清楚些。

e 客:你不该要求我解释得更清楚。因为我已经设定“非是者”既不分有“一”也不分有“多”,而刚才和现在我都已经把它作为“一个东西”[②]来谈论,因为我在说“这个非是者”[③]。你理解了吗?

泰:对。

客:还有,就在不久前我又说它“是”(εἶναι)不可表述、不可说和不合理的。你跟得上吗?

泰:跟得上,当然。

客:那么,在试图附加上“是”之时,我与前面所说的自相矛盾

---

① “αὐτὸ καθ᾽ αὐτό”的字面意思是“自身依自身的”,这里翻译为“绝对的”。

② “ἕν”可以表示纯粹的数目“一”,也可以表示具体的“一个东西”或“一个事物”。

③ 我们在译文中加上“这个”来强调“τὸ μὴ ὄν”的单数形式。

了，对吗？

泰：显然。 239

客：而且，当我附加上这个[词]的时候，我把它作为“一个东西”来谈论了，对吗？

泰：对。

客：还有，在论说到“不合理”、“不可说”和“不可表述”之时，我又对它做了“陈述”，好像它是“一个东西”。

泰：的确。

客：所以，我们必须断定：假如某人要正确地措辞，必须把它界定为既非“一”也非“多”，甚至完全不要称呼“它”，因为这样称呼也就把它当作“一”这个“理念”了。

泰：完全没错。

客：于是，某些人会怎么说我呢？他会发现，无论以前还是现 b
在，我关于“非是者”的辩驳早就失败了。按我说，别再考虑我的言论中关于“非是者”有什么正确说法了，相反，现在让我们考虑你会有什么说法。

泰：这是什么意思？

客：来吧，你正年轻，尽你最大的能力勇敢地去尝试，按正确的方式来对它做些表述，既不要把“是”(οὐσία)也不要把“数”当中的“一”和“多”附加给它。

泰：看到你的这种遭受之后，如果我还要去尝试的话，非得有 c
超常的胆量不可。

客：如果你同意，那么暂且放过你和我。在我们遇到某个有此能耐的人之前，我们承认智者已经以非常无赖的方式藏匿到了一个无路可达的地方。

泰:显然如此。

d 客:于是,如果我们断定他具有某种“幻像术”,那么他会轻易地利用我们的措辞,将这些言辞倒转过来反攻我们。当我们说他是“影像制作者”,他就会诘问,我们用“影像”究竟来表示什么。所以,泰阿泰德呀,我们必须考虑:什么东西可以用来回答这个顽固的人的问题。

泰:很明显,我们会说:水中或镜子中的各种影像,还有画像和雕像,以及其它的这一类东西。

e 客:很清楚,泰阿泰德,你从来没有见过智者。

泰:怎么?

客:他会让你觉得他闭着眼睛或全然没有眼睛。

泰:以什么方式?

客:当你以这种方式给他答案,你如果提到某种镜子中的东西
240 或仿造品,他会嘲笑你的言辞。一旦你说他在看的时候,他会装作对镜子、水,乃至一般意义上的视觉都毫不认识,而只问你那个用言辞表达的东西。

泰:什么东西?

客:那个贯穿你提及的所有事物的东西,你已宣称这一切值得用“影像”这个名称来称呼,好像它们全部都是一个东西。那么,请说出它,然后防卫自己,不要向那人让步。

泰:客人,我们一定会把影像说成是被造得与“真的东西”[1]相

① “真的东西”:τὸ ἀληθινόν,或译为“真实者”。

似的另一个这类东西，难道不是吗？

客：你把“另一个这类东西”说成“真的东西”吗？不然，你把 b
“这类东西”说成什么？

泰：决不是“真的”(ἀληθινόν)，而是“相仿的”(ἐοικός)。

客：“真的东西”表示“真的是者”(ὄντως ὄν)①，对吗？

泰：是这样。

客：那么，“不真的东西”是“真的东西”的“相反者”？

泰：的确。

客：所以，倘若你把“相仿者”说成“不真的东西”，你终究将它说成了“不真的是者”(οὐκ ὄντως ὄν)②。

泰：不过，它在某种意义上“是”(ἔστι)。

客：按你所说，它无论如何不“真地是”(ἀληθῶς ἔστι)。

泰：的确不。不过它“真地是”(ὄντως ἔστι)仿像。③

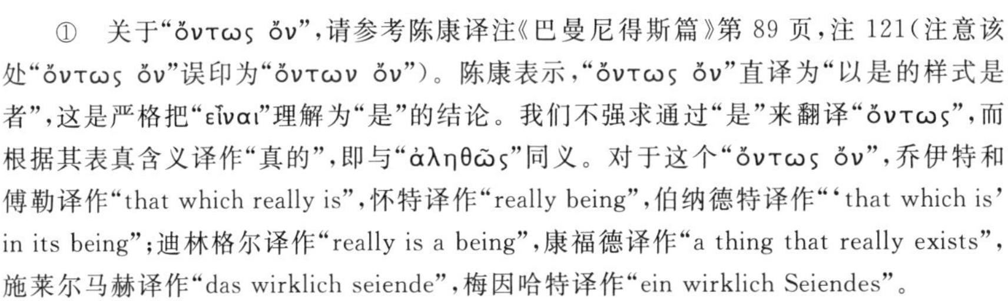

① 关于“ὄντως ὄν”，请参考陈康译注《巴曼尼得斯篇》第 89 页，注 121(注意该处“ὄντως ὄν”误印为“ὄντων ὄν”)。陈康表示，“ὄντως ὄν”直译为“以是的样式是者”，这是严格把“εἶναι”理解为“是”的结论。我们不强求通过“是”来翻译“ὄντως”，而根据其表真含义译作“真的”，即与“ἀληθῶς”同义。对于这个“ὄντως ὄν”，乔伊特和傅勒译作“that which really is”，怀特译作“really being”，伯纳德特译作“‘that which is’ in its being”；迪林格尔译作“really is a being”，康福德译作“a thing that really exists”，施莱尔马赫译作“das wirklich seiende”，梅因哈特译作“ein wirklich Seiendes”。

② 这里的希腊文在各个编辑本中有些差别，主要有“οὐκ ὄντως ὄν”、“οὐκ ὄν”和“οὐκ ὄντως οὐκ ὄν”这几种读法。这里从第一种读法。从“是”的表真含义来看，“是者”本身就有“真的东西”的意思，这样，“不真的是者”(不是的是者)这个说法隐含着某种“矛盾”。不过，也可以这样来看，即“不真的是者”(不是的是者)实际上把“ὄν”的表真含义和一般的存在含义分离开来了，即“是者”(存在者)可以有“真的-是的”，也可以有“不真的-不是的”。

③ 这几行对话很能说明在不同语境中“ἔστι”含义的细微差别。“‘仿像’在某种意义上‘是’(ἔστι)”，这里的“是”主要强调表“存在”(即“是某个东西”)，而不强调表

客：所以，我们所谓的仿像“不真是”而又“真是”？

c　泰：很可能“非是”与“是”已经结合成诸如此类的“结合物”（συμπλοκή）①，太诡异了。

客：的确诡异！通过这个变换，你一定看到，多头的智者迫使我们不情愿地同意“非是者”在某种意义上“是”。

泰：我确实看到了。

客：现在怎样呢？我们怎样界定他的技艺而又使我们与自己不矛盾？

泰：你怎么这样讲？你担心什么？

d　客：当我们说他利用幻像进行欺骗而且其技艺是某种欺骗术的时候，我们岂不该说该技艺使我们的心灵做假判断，不然我们该说什么？

泰：就是这样。不然还能说什么？

客：其次，“假判断”②就是断定“诸是者”的相反者，对吗？

“真”（即“是其自身”）。“ἀληθῶς ἔστι”（真地是）把“是”限定在表真含义之中。“ὄντως ἔστι”（真地是）强调“就其自身而言”的“是”。例如，苏格拉底的塑像“是”某个东西，它不“是”苏格拉底本人，它又“是”苏格拉底的塑像。这三个“是”就是这里分别所说的“ἔστι”、“ἀληθῶς ἔστι”和“ὄντως ἔστι”。

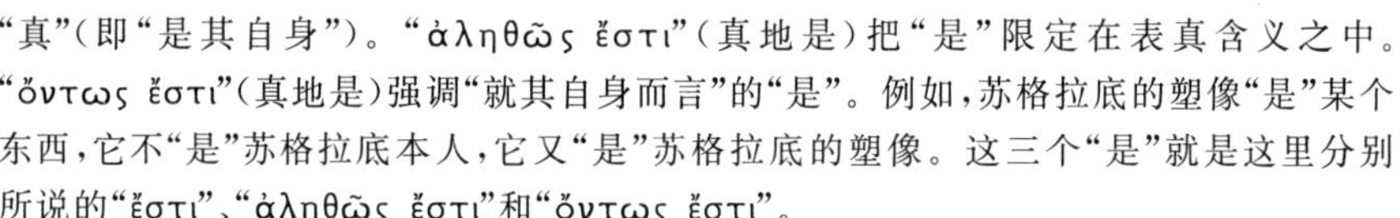

① “συμπλοκή”的原义是“编织”或“编织物”，有时也译作“结合”或“结合物”。

② “假判断”或译作“错误判断”，“真判断”或译作“正确判断”，同理，后文中的“假陈述”或译作“错误陈述”，“真陈述”或译作“正确陈述”。希腊语的“ψευδής”兼有汉语“假”和“错误”的意思，“ἀληθής”兼有“真”和“正确”的意思。在日常汉语中，当提到“判断”和“陈述”的时候，通常说“错误”或“正确”，而不说“假”或“真”，反之，在提到“事物”的时候，我们往往说“假”或“真”，而不说“错误”或“正确”。所以，严格上讲，在汉语里一个“假陈述”和一个“错误陈述”是有区别的，即，“假陈述”可能表示“貌似陈述而其实不是陈述的东西”，例如某句无意义的喃喃自语，而“错误陈述”首先必须“是”一个陈述，即首先必须是“有意义的”。然而，在本书中，我们不对“假”和“错误”、“真”和“正确”做这样严格的区分，而依然使用“假陈述”来表示“错误陈述”，用“真陈述”来表示“正确陈述”，等等，正如人们已经习惯了的“真命题”和“假命题”这样的说法。

泰：没错，就是相反者。

客：那么，你会说“假判断”断定“诸非是者”，对吗？

泰：必然。

客：它断定“诸非是者”“不是”，抑或那些绝对“非是者”在某种 e
意义上“是”？

泰：倘若某人曾经有过哪怕最轻微的说假话，那么，“诸非是者”必定在某种意义上“是”。

客：他还断定那些绝对“是者”绝对“不是”，对吗？

泰：对。

客：这也是“假”？

泰：这也是。

客：我认为，我们也可以按照这个方式来看待“假陈述”，即它 241
把“诸是者”说成“不是”，而把“诸非是者”说成“是”。

泰：不然怎么会有假陈述呢？

客：没有别的方式了。但是，智者会否认这一点。既然我们之前承认的东西已经得到了进一步确认[①]，有理智的人怎么会认可这点呢？我们明白他的意思吧，泰阿泰德？

泰：我们当然明白。他会说我们刚才说的话是相悖的，我们竟
敢说“假”于判断和陈述之中“存在（是）”[②]。他会说我们不断地被 b
迫把“是”附加给“非是者”，而在那之前却又同意这是完全不可

---

① 怀特注：之前承认的东西指 237a－238c，进一步确认指 238d－239c。

② 此处的“ἔστιν”译作“存在”更符合汉语的习惯；如果为了照顾用词的一致性，也可以强行译作“是”——不过，这个“是”不能从已有的汉语习惯来理解，而只能从古希腊语的“ἔστιν”来理解。

能的。

客:你的回忆是正确的。但是你现在必须考虑,我们需要对智者做些什么。如果我们追踪他并把他设定在造假者和魔术师的技艺中,那么你会看到有许多的反击和困惑。

泰:的确。

c 客:这些反击和困惑几乎是无穷的,我们说过的只是其中的一小部分。

泰:如果是这样,那么要捉住智者好像是不可能的。

客:那该如何?我们现在就畏怯而放弃了吗?

泰:至少我认为尚不必要,如果我们还有一点机会以某种方式捉住那人的话。

客:那么,如果我们能够从如此强有力的论证中稍微得到解脱,你就会谅解我,而且就像你现在说的,会感到满意,对吗?

泰:我当然会。

d 客:那么我对你还有更进一步的要求。

泰:是什么?

客:你可别把我当成弑父者。

泰:怎么讲?

客:我们在捍卫自己时必须对我们的父亲巴门尼德的陈述进行考问,并且迫使“非是者”以某种方式“是”,“是者”则在某种意义上“不是”。

泰:显然在论证中应该坚持这些论点。

e 客:这再明显不过了,如人们常说的,瞎子都清楚,这些论点要么被驳斥,要么被接受,否则任何人谈假陈述或假判断,谈到影像、仿像、摹本和幻像,或任何一门与此相关的技艺,几乎都不可避免地要被迫陷入自相矛盾,从而成为笑柄。

泰:非常正确。

客:由于这个缘故,我们现在敢于攻击父亲的那个论断。假如 242
有所顾忌而不敢这么做的话,我们就得全盘放弃。

泰:不要让任何东西阻碍我们这样做。

客:还有,我向你提出第三个很小的请求。

泰:你尽管说出来。

客:在刚才的论证过程中,我曾说过我关于这点的辩驳总是有所退缩,甚至现在也是如此。

泰:你说过这话。

客:好吧,我担心这些话会使你断定我是疯子,因为我的脚步
颠来倒去[①]。只是为了让你满意我们才试图去辩驳该论断——如 b
果我们的确去辩驳的话。

泰:如果你提出辩驳和证明,我决不会认为你有什么离谱之处,因此你尽管放心好了。

客:来吧!如此危险的论证该从哪个开端来开始呢?在我看来,小伙子,我们要转向下面这条最不可避免的道路。

泰:哪一条?

客:首先来研究如今看似明白的东西,以免在某种意义上对此 c
糊里糊涂,自以为有良好的洞察力,轻率地达成共识。

泰:请将你的意思说得更清楚些。

① “颠来倒去”原文直译为“上下变换”。参考《泰阿泰德》195c。

客：在我看来，巴门尼德和其他一些人只求界定“诸是者”[①]的数量和质性，而对我们来说，这太简单化了。

泰：怎么讲？

客：在我看来，他们每个人都在陈述某个“寓言”（μῦθος），好像我们是儿童一样。其中一个人说，“是者”有三个，它们有时以某
d 种方式相互战争，有时又相爱，甚至出现联姻和生育，还向后代提供滋养；另一个人说，“是者”有两个，湿与干，或者，热与冷，而且他让它们婚配并共居一处；但是，就我们爱利亚部族而言，从克塞诺芬尼开始，或者还要更早，他们就这样表述这个寓言，亦即所谓的“一切”是“一”。伊奥尼亚和西西里的某些后来的缪斯觉悟到：最
e 保险的是把两者结合起来，并且说，“是者”既是“多”又是“一”，通过恨与爱关联在一起。这些缪斯中的强硬派说，“它永恒在分离当
243 中结合”[②]；温和派则有所松动，不坚持它永远都是这样，而是认为情况有所分别，有时在爱神阿弗洛狄忒[③]的影响下一切是“一”而且是友爱的，有时在某种“纷争”影响下一切成为“多”，自己与自己为敌。然而，所有这些表述当中是否有某个正确的说法，或者不正确的说法，这很难讲，而且，对这些知名的先辈妄加指摘是不妥当的；但是，揭示出下面这点应该不算冒犯……

① “τὰ ὄντα”根据字面译作“诸是者”，在这里主要表示“真实的东西”，也可译作“实在”。伯纳德特和怀特采用直译，即“beings”，莱因哈特的“das Seiende”与此类似；傅勒和康福德分别译作“realities”和“real things”，强调了“τὰ ὄντα”的表真含义，意思比较准确，缺点是不能体现它与系动词的紧密联系；乔伊特的“existences”和施莱尔马赫的“die Dinge”强调了“表实－表存在”方面的含义，意思显得有些不够精确。

② 这里的主语“它”应该指“一切”或“是者”。

③ 阿弗洛狄忒是古希腊神话中的司掌爱和美的女神。

泰：哪一点？

客：他们忽视并且不顾我们这些大众；他们不关心我们是跟上
了他们的说法，还是被甩在了后面，而是各自完成自己的说法。 b

泰：你的意思是什么？

客：当他们中的某个人在论说过程中这样表述：许多东西、一个东西或两个东西"是"（ἔστιν），或"已生成"，或"正生成"，"热与冷相结合"，并且还到处设定"分离与结合"——以众神的名义，泰阿泰德呀，你理解他们的任何一个说法吗？在我年轻的时候，有人讲到当前这个关于"非是"的困惑，我当时以为自己理解得很清楚。可是现在你看到了对于这个困惑我们究竟是什么处境。

泰：我看到了。 c

客：关于"是"，很可能我们的灵魂也处于同一种状况，我们总认为"是"很好懂，而且当有人表述它的时候能够理解，而"非是"不好理解。但是，对两者我们的心灵可能处于同样的状况。

泰：可能是这样。

客：可以说，对刚才提到的其他一些表述，我们也处于同样的状况。

泰：的确。

客：我们晚些时候再对其中的多数表述加以考虑，如果你觉
得可以的话。而现在，我们必须从其中最重要和最基本的表述 d
开始。

泰：你指哪个？哦，显然你指的是我们首先要探究"是"，也就是说，我们必须追问那些表述它的人们认为它表示什么，对吧？

客:你的确跟上了我的步伐,泰阿泰德。我的确认为我们应当遵循这个方法来进行。假定那些人都在我们面前,让我们来提问:“来吧,所有那些说一切是‘冷’与‘热’或诸如此类的某两个东西的人们,在断言两者和各自‘是’的时候,你们在这两个情况下究竟要
e 表达什么?我们该把你们的这个‘是’当成什么?难道在这两个东西之外有一个第三者,我们该设定‘一切’为‘三个东西’而并非如你们所设定的‘两个东西’?因为当你们将两者中的一个或另一个称为‘是者’的时候,你们并不说两者以相同的方式‘是’。因为,在两个情况下[①]它们都会是‘一个东西’,而非‘两个东西’。”

泰:说得正确。

客:“那么,你想把两者都称为‘是者’?”

泰:也许。

244 客:我们会说,“但是,朋友呀,那样的话很显然又把两个东西说成了一个东西。”

泰:说得正确。

客:“既然我们陷于困惑之中了,你们必须向我们充分显明,当表述‘是’(ὄν)的时候,你们究竟想表示什么,因为你们显然早就理解它了。我们从前也这样认为,而现在却感到困惑。请先就此教导我们吧,以便我们不必认为自己晓得你们所说的东西,其实完
b 全不晓得。”小伙子,如果我们这样说,并这样要求他们以及那些说一切多于一的人,我们会有什么不靠谱吗?

---

① “在两个情况下”,意思是说,要么,只有一个东西“是”,要么,两个东西都“是”,在这两个情况下,都只有一个东西,即“是者”。

泰:肯定不会。

客:再者,我们岂不要尽全力追问那些说"一切是一"的人,他们究竟用"是"表示什么?

泰:当然。

客:那么让他们回答这个问题。"你们的确主张仅仅'一'[①]'是'吗?"——他们会说,"我们就这样主张",对不对?

泰:对。

客:"那么,你们还把'某个东西'称为'是者'吗?"

泰:对。

客:"这即所谓'一',故而,你们使用两个名称来称呼同一个东 c
西吗?不然怎么讲?"

泰:客人,他们的下一个回答是什么?

客:显然,泰阿泰德,对于做了那个预设(ὑπόθεσις)的人而言,他要回答现在这个问题乃至别的问题是非常不容易的。

泰:怎么讲?

客:首先,已经设定除了"一"之外没有任何东西的人如果承认存在"两个"名称,这肯定是荒谬的。

泰:当然。

客:其次,倘若他完全接受"存在某个名称"[②]这个说法,这也是

---

① 这个"ἕν"有两种可能的理解,第一种理解是抽象的"一"或"一"这个理念(the one,unity),第二种理解是具体的"一个东西"(one thing)。

② 存在某个名称:ἔστιν ὄνομά τι。伯纳德特译作"some name is",怀特译作"there is a name",傅勒和康福德分别译作"a name has any existence"和"a name can have any existence",迪林格尔译作"any name is a being",施莱尔马赫译作"es gebe einen Namen",梅因哈特译作"ein Name habe Sein"。我认为,"ἔστιν"在这里主要不是"表

d 没道理的。

泰:怎么讲?

客:假如设定名称与事物相异,那么它一定说到了"两个东西"。

泰:对。

客:但是,假如设定名称与事物相同,那么必须说名称不是任何东西的名称;如果说名称是某个东西的名称,这样会得出,名称纯粹是名称的名称,而不是任何别的东西。

泰:是这样。

客:这样,"一"会是"一"的名称,并且是名称的"一"。

泰:必然。

客:再者,他们会说"整体"与"存在着的一"相异还是相同?

e 泰:他们肯定会说相同,并且确实这样说了。

客:正如巴门尼德说的,如果"整体"是"在每方面都像一个纯圆的球,从中心到每一方向距离都相等,因为不可以有任何地方更大或更小"——如果"整体"是如此这般的,那么"是者"就具有中心和边缘,具有了这些也就必须具有诸部分。不然怎样?

泰:就是这样。

245 客:然而,没有任何东西妨碍"被分成部分的东西"的每个部分都具有"一"的特性(πάθος),以这个方式它既是"整个是者"(πᾶν ὄν)又是"一个整体"(ὅλον ἕν)。

真",而是"表实-表存在"。承认"存在某个名称"在这里表示把某个"名称"当成"事物-存在物"(πρᾶγμα)。顺便提一下,怀特把后面的"这是没道理的"这个短句的主语错误地理解成了"某个名称"(a name)。

泰：当然。

客：那么，具有这个特性的东西不可能是“一自身”，对吗？

泰：怎么讲？

客：按正确的道理来说，“真正的一”必定是完全无部分的。

泰：必须如此。

客：但是，由多个部分组成的那个东西不符合这个道理。 b

泰：我懂了。

客：我们应该说，按照这个方式具有“一”之特性的“是者”将会是“一”并且是“整体”，还是应该说，“是者”无论如何都不是“整体”？

泰：你提供了一个艰难的选择。

客：你说得非常正确。因为，如果“是者”以某种方式具有“一”的特性，那么“是者”与“一”就表现为不相同，并且，“一切”（τὰ πάντα）就会是多于“一”。

泰：对。

客：倘若“是者”由于具有那个特性而不是“一个整体”，而是 c
“整体自身”，这会推导出：“是者”比自身要少。

泰：当然。

客：所以，按照这个论理，“是者”丧失了自身而成为“不是者”。

泰：是这样。

客：那么，“一切”又会多于“一”，因为“是者”和“整体”分别具有各自的本性（φύσις）。

泰：对。

客：如果“整体”完全“不是”，同样的情况也会出现在“是者”之

d 上:“是者”非但“不是”,而且根本不曾生成。

泰:怎么讲?

客:生成者(τὸ γενόμενον)总生成为“整体”。假如不把“整体”归到“诸是者”之中,那么就既不能把“存在”也不能把“变易”称为“是”①。

泰:这看起来完全没错。

客:进一步说,“非整体”必定不是任何确定的数量,因为如果它是确定的数量,它必然是这个数量的“整体”。

泰:确实如此。

e 客:因此,无论谁说“是者”是“两个东西”或者“一个东西”,他都会遭受无数其他的困难,陷入无限的困惑。

泰:刚才所阐明的东西已经表明了这点。一个麻烦导致另一个麻烦,后一个总是比前一个引发更大的困难和疑惑。

客:对“是者”与“非是者”进行精确说明的人,我们并没有全部罗列,不过这已经足够了。现在必须转过来考察那些以不同

246 方式进行讨论的人,这样,在通观所有人的说法之后,我们就可以看到,表达“‘是者’是什么”并不比表达“‘非是者’是什么”更

① “οὔτε οὐσίαν οὔτε γένεσιν ὡς οὖσαν δεῖ προσαγορεύειν”这句话不太好翻译,因为它同时提及“οὐσίαν”和“οὖσαν”,又似乎不在同一个含义上使用它们。我们姑且译作“既不能把存在也不能把变易称为‘是’”。傅勒译作“no one... can speak of existence or generation as being”,怀特译作“we can’t label either being or becoming as being”,康福德译作“you have no right to speak of either being or coming-into-being as having any existence”,伯纳德特译作“one must address it as being neither being nor becoming”,施莱尔马赫译作“So daß weder ein Sein noch ein Werden als seiend anzunehmen ist”。

容易。

泰：那么我们必须面对他们。

客：由于他们关于“本是”（οὐσία）的看法[①]彼此对峙，似乎在这些人当中有某种像神与巨人之间的战争。

泰：怎么讲？

客：一方把一切东西从天空和不可见的领域拉到地下，用他们的双手像握石头和树木那样去触摸，因为他们认为只有这类坚硬
的、可以用手把握和触摸的东西才“是”。他们把“物质”[②]与“本 b
是”界定为同一个东西，一旦另一方断言某些非物质的东西“是”，他们就会非常鄙夷，再也不愿听别的。

泰：你在说可畏的人。我曾遇到许多这样的人。

客：于是，那些与他们对峙的人非常谨慎地从高处不可见的地方进行抵御，极力主张理智性的东西，即非物质的“理念”（εἶδος）才是真正的“本是”。至于对方提到的“物质”及其所谓“真实的东
西”（ἀλήθεια），他们在论证中将它们化为碎片，并且称呼它们为 c
与“存在”相反的“变易过程”。泰阿泰德呀，在他们之间就此形成了某种无休止的战争。

泰：没错。

① 从这里开始，讨论的主题从“τὸ ὄν”转到了“οὐσία”。对于此处的“οὐσία”，伯纳德特、怀特和迪林格尔译作“being”，乔伊特译作“essence”，傅勒译作“existence”，康福德译作“reality”、“real existence”或“real being”，施莱尔马赫和梅因哈特译作“das Sein”。

② “σῶμα”的本义是人或动物的“身体”，引申为一般“物体”，乃至一般的“物质性的东西”、“物质性”。此处的“σῶμα”在英文译本中通常译作“body”，在德文译本中，施莱尔马赫译作“Körper”，梅因哈特译作“Körperlichkeit”。

客：那么，让我们逐个部分来把握这两类人给“本是”设置的“定义”(λόγος)。

泰：我们该怎么把握？

客：那些把“本是”设定为“理念”的人相对比较容易把握，因为他们比较温顺；但是那些用暴力把一切都拉到物质里面的人则会
d 比较困难，或许甚至不可能把握到。不过，在我看来，对于这类人我们必须按照下面这个方式来做。

泰：什么方式？

客：如果有某种可能的话，我们最好还是使他们变得实际上更优秀；但是如果这是不可能做到的，那么，我们就在言语上试试——假定他们愿意以更守规矩的方式来回答问题。优秀者的共识当比卑劣者的共识更有价值。但是，我们并不去操心这些东西，而要去追寻真相。

e 泰：非常正确。

客：那么，召唤那些已变得更优秀的人来回答你的提问吧，你来转达他们所说的话。

泰：就这么办。

客：让他们说，他们是否主张会死的动物是“某个东西”(τι)。[①]

泰：当然。

① 英文各版本对“θνητόν ζῷον εἶναί τι”的译法很不同，例如，傅勒译作“there is such a thing as mortal animal”(有会死的动物这种东西)，康福德译作“there is such a thing as a mortal living creature”(有会死的生物这种东西)，伯纳德特译作“mortal animal is something”(会死的动物是某个东西)，可见，傅勒和康福德在这里强调“εἶναι”的存在用法，而伯纳德特将“εἶναι”严格理解为系词。参考下注。

客：他们同意会死的动物是有灵魂的物体，不是吗？

泰：确实。

客：他们把灵魂设定为某种“是者”吗？

泰：对。 247

客：他们还主张既有正义也有不正义的灵魂，既有明智也有不明智的灵魂，不是吗？

泰：的确。

客：但是，每个灵魂由于正义的“持有”（ἕξις）和“在场”（παρουσία）而成为正义的，相反者则由于相反的东西，对吗？

泰：对，他们也认同这点。

客：他们会认为，那个能够在场或离场的无论如何“是某个东西”①。

泰：他们会这么认为。

客：既然正义、智慧、其他美德以及它们的相反者“存在（是）”， b
尤其它们内蕴于其中的灵魂“存在（是）”——他们是认为这些东西全都是不可见的，还是认为其中有些是看得见、摸得着的？

---

① “εἶναί τι”这里翻译为“是某个东西”（is something）。傅勒将它译作“exists”（存在），康福德译作“is a real thing”（是真实的东西），怀特和伯纳德特译作“is something”（是某个东西）。不难看出，傅勒将此处的“εἶναι”理解为表存在用法，康福德理解为表真用法，怀特和伯纳德特理解为系词用法。我们认为，当“εἶναι”后面还接有“τι”的时候，将它翻译为“是”更恰当，当它后面不接表语的时候，常常可以翻译为“存在”。然而，实际上，“εἶναι”的表存在用法、表真用法和一般的系词用法经常混合在一起，很难严格区分。所以说，傅勒将“εἶναί τι”直接译作“exists”在一定意义上是可以接受的。参考上注。

泰：它们当中几乎没有一个是可见的。

客：他们认为这类不可见者具有物质性吗？

泰：他们不把这些当作整体来回答。在他们看来，灵魂本身具
c 有物质性，而至于你所说的智慧或其他各个东西，他们感到羞愧，既不敢承认它们不是任何"是者"，也不敢坚持它们全都是物质性的东西。

客：因为显然由于我们，泰阿泰德呀，这些人变得更优秀了。他们当中"土生土长的人"在这些主张面前不会感到羞愧，而是坚信凡是不能用双手紧握的一切绝对是"无"（οὐδέν）。

泰：你所说的几乎就是他们所想的。

客：那么让我们重新提问，因为只要他们承认"诸是者"当中有
d 一丁点儿是"非物质性的"，这就够了。他们发现某种既与"非物质性的东西"又与"物质性的东西"同类的东西，因而说它们两者都"存在（是）"，那么，他们必须把这种东西告诉我们。很可能他们已经感到困惑。如果他们已经被这类东西所难住，请考虑一下，他们是否会接受并同意我们的建议，也就是说，"是者"是下面这个东西。

泰：哪种东西？请说，我们也许会知道。

e 客：我的意思是任何具有能力的东西。这种东西在本性上要么倾向于对它者起作用（主动），要么倾向于受作用（被动），甚至承受最细微的东西最低程度上的作用，即使只出现一次——所有这些东西都真地"存在（是）"。我给"诸是者"做个界定，它无非就是"能力"（δύναμις）。

泰：既然他们目前没有更好的东西可说，就算是接受了。

客：很好！可能以后我们和他们都会有不同的看法。现在，且 248
让我们与他们在这点上达成共识。

泰：可以。

客：然后让我们转向另一方，那些“理念之友”。你来为我们转达他们的说法。

泰：就这么办。

客：你们认为“变易”(γένεσις)和“存在(是)”(οὐσία)有所分别，对吗？

泰：对。

客：你们认为，一方面，我们依靠身体并通过感觉与“变易”打交道，另一方面，我们依靠灵魂并通过理性(λογισμός)与“真正的存在”打交道。“存在(是)”永远自身维持自身同一，而“变易”则因时而异。

泰：我们就这么认为。 b

客：但是，强人呀，我们该怎么说你们在这两处所提到的“打交道”(κοινωνεῖν)呢？它不就是刚才我们所讲的那个吗？

泰：哪一个？

客：相互会聚的东西出于某些能力出现作用与受作用。泰阿泰德呀，你也许没听到过他们对此的回答，但我听到过，因为我跟他们熟悉。

泰：那么，他们提出的主张是什么？

客：他们不同意我们刚才向“土生土长者”所作的那个关于“存 c
在(是)”的描述。

泰：哪一个？

客：我们刚才给“诸是者”做了合适的界定，即凡是有能力起作用或受作用的东西——哪怕这能力极其微小。

泰：对。

客：对此他们这么回应：“变易”分有受作用和起作用的能力，但是，这两种能力并不适用于“存在（是）”。

泰：他们的话毫无意义吗？

d　客：我们必须这么回应，我们还需要他们解释得更清晰些，也就是说，他们是否同意灵魂在认知，而“实在”（οὐσία）[1]被认知？

泰：他们肯定会这么说。

客：那么，你们认为“认知”或“被认知”是起作用还是受作用，还是兼有两者？或者，其中一个受作用，另一个起作用？或者，它们都不能归入这些名目之下？

泰：显然都不能，否则的话，我们的朋友就会与他们前面说的话自相矛盾了。

e　客：我知道了。他们不得不这样说。如果“认知”是起作用，那么反过来必定推导出“被认知”是受作用。根据这个道理，“实在”受到“认知行为”的认知，它由此而被认识，并且它由此通过受作用而运动，然而我们主张这种情况不会发生在“静止者”之上。

泰：正确。

---

① 此处的“οὐσία”与作为认知主体的“灵魂”相对，表示作为认知对象的“实在”。这个意义上的“οὐσία”（作为对象性的“存在-实在”），与相对于“变易”而言的“οὐσία”（作为持存性的“存在”），以及作为事物之“本性-本质”的“οὐσία”（本是），有着细微而重大的差异，它们分别展现了“οὐσία”的不同“理解维度”。

客：对宙斯发誓，我们可以这么容易就相信运动、生命、灵魂和思维（φρόνησις）不出现在“绝对是者”[1]之中吗？它既无生命也不思考，而是庄严、肃穆、没有理智、静止不动的东西？ 249

泰：如果这样，客人呀，我们就认同了可怕的说法。

客：那么，我们会说，它有理智而没有生命吗？

泰：当然不会。

客：如果我们说它包含两者，那么我们会否认它是在灵魂中包含这两者吗？

泰：怎么可能有别的方式呢？

客：如果它具有理智、生命和灵魂，那么，这个有灵魂的东西会完全保持静止不动吗？

泰：在我看来，这完全是不合理的。 b

客：那么，我们承认运动的东西和运动“存在（是）”。

泰：当然。

客：泰阿泰德呀，由此推出，如果“诸是者”是不运动的，那么任何地方、任何东西都不会有理智。

泰：的确如此。

客：另一方面，如果我们同意“一切”都是处于“过程”（φερόμενα）和“运动”之中，那么根据这个道理，我们也要把“理智”从“诸是者”中排除出去。

泰：怎么会？

① “τὸ παντελῶς ὄν”是“τὸ ὄν”强化形式。傅勒译作“absolute being”，坎贝尔和迪林格尔译作“perfect being”，伯纳德特译作“that which perfectly is”，康福德译作“that which is perfectly real”，怀特译作“that which wholly is”。

c　客：你试想一下，没有静止的话，可能会有在任何时间、任何方面都与自身同一的东西吗？

泰：决不会。

客：没有这种情况，你怎么可能发现理智存在或生成呢？

泰：不可能。

客：好吧，如果某人取消知识、思维或理智，又以某种方式坚持某个主张，那么我们必须尽一切论证与之作战。

泰：的确。

客：对于爱智者，也即把这些东西[①]尊为最重要的人来说，必须拒绝“一切是静止的”这个说法，无论这说法是来自主张“一”的

d 人还是主张“多个理念”的人；同时，也决不听从“‘是者’是完全运动的”这个说法。反之，他要像小孩一样两者都要，包括“不运动者”和“运动者”，认为这两者合在一起才是“是者”和“一切”。

泰：非常正确。

客：好吧，我们似乎已经妥善地在这个论证中把握到了“是(存在)”，对吗？

泰：确实如此。

客：天哪！泰阿泰德，我觉得我们必须认识到，这个考察有多么让人困惑。

e　泰：你说这个又是什么意思？

客：亲爱的小伙子，你难道不知道关于这点我们正处在彻底的无知之中，而我们却以为说对了什么似的？

---

① 根据上文，这些东西指“知识”、“思想”和“理智”。

泰：我是这么以为的。我不明白我们怎么就着了蒙蔽呢？

客：考虑得更清楚一些：如果我们同意刚才的话，那么别人就 250
可以正当地对我们提出质问，就像我们刚才质问那个说“一切是热和冷”的人一样。

泰：什么质问？提醒我一下。

客：当然可以。我会尝试对你进行提问，就像对他们提问一样，这样两边会同时有所进展。

泰：没错。

客：那好吧。你认为运动与静止彼此绝然相反，对吧？

泰：当然。

客：并且你还说，它们两者以及各自以同样的方式“是（存在）”？

泰：我确实这么说。 b

客：当你同意它们“是”的时候，你的意思是两者以及各自都运动？

泰：完全不是。

客：当你说它们都“是”的时候，你表示它们都静止？

泰：当然不是。

客：那么，你在心灵中把“是”设定为它们之外的第三者，而它又包含了“静止”和“运动”？当你说两者都“是”的时候，你又把这两者放到了一起，专注于它们对“是”（οὐσία）的分有[1]？

---

[1] “κοινωνία”通常翻译为“结合”，此处译作“分有”。参考本对话录后面关于各种“理念”相互“分有”的论证。

c　泰:当我们说运动和静止"是"的时候,我们可能真把"是"揣测成第三者了。

客:那么,"是"不是"运动"与"静止"两者合在一起,而是与它们相异的某个东西。

泰:似乎如此。

客:那么,按其本性,"是者"既不静止,又不运动。

泰:差不多。

客:那么,如果有人想为自己建立关于"是者"的确定观念,那么他应该把理智转向何处去呢?

泰:转向何处?

d　客:我觉得无论转向哪里都很困难。因为如果某个东西不运动,它怎么会不静止?或者,绝对不静止的东西怎么会不运动?但是,"是者"现在向我们显示为这两者以外的东西。这是可能的吗?

泰:完全不可能。

客:那么,现在我们回忆下面这一点是恰当的。

泰:哪一点?

客:当我们被问到"非是者"这个名称究竟应当用到什么上面的时候,我们完全感到困惑。你还记得吗?

泰:当然。

e　客:那么,现在我们关于"是者"的困惑会更小吗?

泰:客人呀,对我而言,如果"是者"这个名称能用在某个东西上面的话,我们会更加困惑。

客:那么,我们至此完全确定了这个困惑。由于"是者"和"非是者”归属于同样的困惑，现在我们希望如果这两者中的一个得到或朦胧或清晰的显明，这样另一个也可得到显明。倘若我们没能 251 力去发现任何一方，那么我们当然放弃这个论证，以最好的方式同时从两者中溜走。

泰：很好。

客：那么，让我们来说一下，我们按照什么方式以多个名称来谓述同一个东西？

泰：例如什么？请说个范例。

客：当我们说到人，我们的确用许多东西来称谓他，我们把颜色、姿态、尺寸、恶或美德附加于他。在所有这些场合和其他无数场合中，我们说他不仅是“人”，而且是“善的”，以及无数别的东西。b 除此之外，按照同样的论理，我们把每一个东西设定为“一”却又说它是“多”并有许多“名称”。

泰：你说得正确。

客：我想，通过这个例子我们给年轻人和年老迟学的人安排一场饕餮盛宴，因为他们可以轻易做出反驳，说，“多”不能是“一”，“一”也不能是“多”。他们的确乐于不允许说“人是善的”，而只允 c 许说，“善是善”，“人是人”。泰阿泰德呀，我觉得你经常会碰到那些热衷于此事的人。有时是一些思维贫弱的老人，他们为这些论点感到神奇，并觉得自己发现了某种终极智慧。

泰：的确如此。

客：我们现在提出下面这些问题，让这个论证针对所有在谈话中曾经论及“是”（οὐσία）的人，不仅针对这些人，而且针对我们先 d 前交谈过的那些人。

泰：哪些问题？

客：我们应当拒绝把“是”附加于（προσάπτειν）“运动”和“静
止”之上，把任何一个东西附加到另一个东西之上？我们在言论中
应当把它们设定为不可结合的，而且不能彼此分有？或者说，我们
应当设定它们彼此能够相互结合，而且一切都可以归结为同一个
e 东西？又或者说，有些东西可以相互结合，有些东西不可以？泰阿
泰德呀，我们要说，他们会选择其中哪一个？

泰：对此我不知道该怎样代表他们进行回答。

客：那么，为什么不逐一回答这些问题，考虑每种情况会推论出什么？

泰：说得好。

客：如果你愿意，首先让我们设定他们这么说：没有任何东西有任何能力与其他东西相结合。这样一来，运动和静止就不分有“是”了。

252 泰：确实不分有。

客：如果它们与“是”不相结合，它们会“是”吗？

泰：不会“是”。

客：按照这个共识，似乎所有东西很快就可以被消解，包括“一切是运动的”的主张，“一切是静止的‘一’”的主张，还有“诸是者是永远自身同一的诸理念”的主张，因为所有这些人都至少用到了“是”（τὸ εἶναι），有些人说一切“真地是”（ὄντως εἶναι）运动着，有些人说一切“真地是”静止着。

泰：确实如此。

b 客：还有，一些人时而把一切聚集起来，时而把一切分离开来，

无论他们把“无限的元素”聚集为“一”又从“一”中分离出“无限的元素”，还是把“一”划分为有限的元素又把它们聚集为“一”，也无论他们把这设定为逐个阶段发生，还是设定为持续发生——倘若没有任何“结合”，这一切将成为空谈。

泰：正确。

客：进一步说，那些禁止一个东西分有另一个东西的性质并用该性质来表述这个东西的人们，他们的论证是极其荒谬的。

泰：怎么讲？ c

客：他们不得不把“是”，还有“除外”、“其余”、“自身”以及无数别的东西应用于每个东西之上。他们摆脱不了这些东西，不能不把它们附加到他们的陈述之中；他们不需要别人来驳斥，正如常言说的，自己家里就有敌人来反对他们，好像诡异的欧律克勒斯[①]一样，不管走到哪里，肚子里总是藏着声音。

泰：你的比喻很准确。 d

客：但是，假如我们允许一切都有能力相互结合呢？

泰：甚至连我都可以排除掉这点。

客：怎么讲？

泰：如果“运动”和“静止”相互生成，那么，“运动自身”会完全静止，而“静止自身”则会运动。

客：但是，“运动”静止，“静止”运动，这必然是不可能的，对吗？

泰：当然。

---

① 欧律克勒斯是一位能说腹语的人。参阅阿里斯托芬：《马蜂》，第1016－1022行。

客:那么就只剩下第三种情况。

泰:对。

e 客:以下这些情况必定有一种是正确的:要么一切都可以结合,要么没有任何东西可以结合,要么有些东西可以结合有些东西不可以结合。

泰:当然。

客:我们已经发现前两种情况是不可能的。

泰:对。

客:每一个想正确地做出回答的人都会选择剩下的第三种情况。

泰:确实如此。

253 客:某些东西可以结合[1],某些东西不可以结合,这种情况跟字母的情况很相似。有些字母彼此不能结合,而有些则可以结合。

泰:当然。

客:元音字母不同于其他字母,它像纽带似的贯穿一切,因此缺了元音字母就使得其他字母不能够相互结合。

泰:的确。

客:是所有人都知道哪些字母与哪些字母能结合,还是说需要技艺才能够做到这点?

泰:需要技艺。

客:哪种技艺?

① “可以结合”的原文直译为“可以这样做”。

泰：语法。

客：再者，关于声音的高和低不也一样吗？掌握了哪些音能结 b
合哪些音不能结合这方面技艺的人就是音乐家，而没有掌握的人就是不懂音乐的。

泰：就是这样。

客：对于其他的技艺和缺乏技艺，我们会发现类似的情况。

泰：的确。

客：我们已经同意“诸理念”（τὰ γένη）[①]也以同一方式相互结合，对于那些想要正确地表明哪些理念相互协调哪些理念相互排斥的人而言，他必须按照某种知识并通过论理来进行讨论，对吗？他尤其需要知道是否有贯通一切并把它们聚集起来的理念， c
以使它们能够结合起来，反过来说，当它们分离的时候，是否有某些理念贯穿整体，成为它们分离的原因。

泰：这当然需要一种知识，它很可能是最重要的。

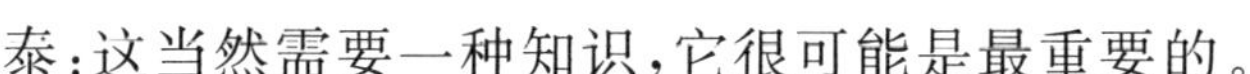

客：我们现在用什么来称呼这门知识，泰阿泰德？宙斯作证！难道我们竟然没意识到我们已经撞上了自由人的知识——虽然我们要探寻的是智者，但是却先发现了爱智者？

泰：你的意思是什么？

客：按照理念进行划分，不把相同的理念认作相异，也不把相 d
异的理念认作相同，我们岂不将其认作辩证法的知识吗？

① 我们通常把“γένος”翻译为“种类”，但是此处的“γένος”与“εἶδος”是同义的，我们可以直接译为“理念”。后面遇到类似这种情况不再说明。这两个词的混同使用似乎是柏拉图中晚期对话录（如《巴门尼德》、《斐莱布》、《蒂迈欧》和《礼法》）出现的一种倾向。参考坎贝尔（1867），第144页。

泰：对，我们这么认为。

客：如果一个人有能力做到这点，那么他就能辨识出那个以各
种方式贯穿于多个理念(其中每一个理念都与其他理念分离)的单
一理念；他也能辨识出多个彼此相异的理念被单一理念从外面包
含，或者，多个“整体”结合为一个而形成单一理念，又或者，多个理
e 念被完全界划开来；这也就是知道怎样按照理念进行划分，知道各
个理念怎么可以结合，又怎么不可以结合。

泰：完全没错。

客：我想，除了纯洁而正当地从事哲学的人，你不会把辩证法归给别人。

泰：怎么可以归给别的什么人呢？

客：倘若我们去寻找，在这样的某个地方，我们现在或者随后
254 总可以发现爱智者。尽管很难清晰地看见他，不过这种困难与发
现智者的困难是两回事。

泰：怎么讲？

客：智者逃匿于“非是”的极端黑暗之中，自己练就一套本事，由于这个地方的黑暗而难以被看清，对吗？

泰：好像是这样。

客：但是爱智者，永远通过理性(λογισμός)而献身于“是”这
b 个理念，由于这个领域的光芒，他也决不会轻易地被看清，因为大
众的灵魂之眼无能力对神圣者进行持续地注视。

泰：很可能有这种情况，就像智者的那种情况一样。

客：对于爱智者，我们即刻就会更清楚地进行考察，倘若我们还愿意的话。但是，对于智者，在彻底地考察了他之前，我们显然

不能放弃。

泰:说得太好了。

客:那么,我们已经达成共识:一些理念可以相互结合,另一些不可以;有些可以与少数理念结合,有些可以与许多理念结合,还有些理念贯穿一切,没有任何东西可以阻挡它们与每一个理念相结合。接下来,让我们一起以这个方式来讨论,不要针对一切理 c
念,以免太多了受干扰,而是选取被认为最大的一些理念,首先考察它们各自是什么东西,然后考察它们在相互结合方面有什么样的能力。这样,即便我们不能够完全明晰地把握"是"与"非是",但是在目前这个考察方式允许的范围内至少不要有什么论证上的不足,然后看看是否有某种方式允许我们在说"非是者真地是非是 d
者"之时可以不被人抓住把柄。

泰:我们必须这样。

客:我们刚才所提及的那些理念当中最大的是"是"自身、"静止"和"运动"。

泰:的确。

客:而且,我们说其中两个是彼此不可结合的。

泰:必定如此。

客:但是,"是"与这两者是结合的,因为这两者肯定都"是"。

泰:当然。

客:那么,它们出现为三个。

泰:当然。

客:它们中的每一个都异于另外两个,而自身与自身是同一个。

e 泰:是这样。

客:但是,我们现在这样提及的"同"和"异"①究竟是什么? 它
们是在那三者之外但又必然与它们永远结合在一起的两个理念?
255 这样,有待考察的就不是三个理念,而是五个理念? 要不然,我们
没留意到我们所谓的"同"和"异"这些名称是属于前面那三者的?

泰:或许。

客:然而,"运动"和"静止"无论如何既不是"同"也不是"异"。

泰:怎么讲?

客:无论我们用什么来共同表述"运动"和"静止",它决不可能是两者("同"和"异")中的任一个。

泰:为何?

客:这样的话,"运动"会静止,"静止"会运动。因为它们两者

("运动"和"静止")无论哪个变成那两者("同"和"异"),都会迫使
b 另一个("静止"或"运动")与其自身的本性相反,这样它会分有相
反者。

泰:确实如此。

客:但是,"运动"和"静止"这两者的确分有"同"和"异"。

泰:对。

客:那么,我们不该说"运动"是"同"或"异",反之也别说"静止"是"同"或"异"。

泰:不该这样。

① "同"或译作"自身","异"或译作"它者"。

客：但是，我们应当把“是”与“同”思考为一个东西吗？

泰：或许。

客：但若“是”和“同”所表示的并无区别，那么，当我们说“运
动”和“静止”两者都“是”的时候，我们也应以这个方式把“运动”和 c
“静止”称为是同一个。

泰：但这是不可能的。

客：所以，“同”与“是”不可能是一个东西。

泰：大概如此。

客：那么，我们就该把“同”设定为那三个理念之外的第四个理念。

泰：当然。

客：再者，我们岂不应当把“异”说成第五个？或者说，我们应当把“异”和“是”思考为一个理念的两个名称？

泰：也许。

客：但是，我想你会承认：“是”当中有一些被说成“绝对的”(αὐτὰ καθ᾽ αὑτά)，另一些则永远被说成“相对的”(πρὸς ἄλλα)。

泰：当然。

客：“异”永远相对于它者，对吗？ d

泰：是这样。

客：假如“是”和“异”并不完全相区别，那就不会这样了。如果“异”像“是”那样分有两种情况，那么就会有一些“异者”不相对于它者而为“异者”，但是现在我们已经毫不困难地证明了：只要是“异”，就必然是相对于它者。

泰：正如你所说的那样。

e 客：那么，在我们所选择的理念当中，“异”的本性应当断定为是第五个。

泰：对。

客：我们还断言“异”贯穿于它们全部，因为每一个理念都异于其他理念，不是由于其自身的本性，而是由于它分有“异”这个理念。

泰：确实如此。

客：那么，让我们逐一领会这五个理念并说明如下。

泰：如何？

客：首先，“运动”是完全异于“静止”的。不然我们怎么说？

泰：就是这样。

客：所以，“运动”不是“静止”。

泰：决不是。

256 客：然而，“运动”由于分有“是”而“是”。

泰：它“是”。

客：再则，“运动”又是异于“同”的。

泰：差不多。

客：所以，运动不是“同”。

泰：的确不是。

客：但是，它又是“同”，由于一切都分有“同”。

泰：确实。

客：那么，“运动”既是“同”又不是“同”，对此我们要同意而不要犹豫。因为在说它是“同”和不是“同”的时候，我们并不以同样
b 的方式进行言说；在我们说“运动”是“同”的时候，是由于“就自身

而言”它分有“同”；而在说“运动”不是“同”的时候，是由于它分有“异”，因此它与“同”分离而变成“异”；所以它又可以正确地被说成不是“同”。

泰：的确。

客：倘若“运动自身”以某种方式分有[1]静止，那么称谓它是静止的就不会陷于荒谬，对吗？

泰：非常正确，只要我们承认某些理念可以相互结合，某些不可以。

客：我们在此前已经证明过这点，并说明了它在本性上就是 c
如此。

泰：当然。

客：让我们再来说，“运动”是异于“异”的，正如它与“同”和“静止”有别，对吗？

泰：必然的。

客：所以，按照当前的论证，“运动”以某种方式不是“异”而又是“异”。

泰：这是真的。

客：接下来怎么样？尽管我们同意所要考察的理念是五个，我 d
们仍要说“运动”是异于这三者的，但并不异于第四者？

泰：那怎么行？我们不能同意这个数目少于刚才已经表明了的数目。

客：所以，我们会毫不畏惧地坚持“运动”是异于“是”的吗？

---

① 这里的“μετελαμβάνειν”被用作“μετέχειν”的同义词，译为“分有”。

泰:毫不畏惧。

客:那么,这岂不很清楚:“运动”真地是“非是”;但它又是“是”,因为它分有“是”。

泰:很清楚。

客:所以,“非是”必定“是”,无论是对于运动而言,还是对于其
e 他各个理念而言都如此;因为“异”的本性在使得各个理念异于“是”的时候把它们变成了“不是”;我们以同样的方式也可以正确地说它们每一个“不是”。另一方面,由于它们分有“是”,我们也说它们“是”。

泰:很可能。

客:所以,对于每一个理念而言,“是”是众多的,而“非是”在数量上是无限的。

泰:似乎如此。

257 客:而且,“是”自身也应当被说成是异于其他东西的。

泰:必然的。

客:所以,我们看到,就“是”而言,其他理念有多少,它就在多大范围上“不是”,因为它不是其他理念;它是“一个自身”,而不是在数量上无限的其他理念。

泰:差不多这样。

客:那么,我们没必要为这个感到犹豫,因为理念的本性允许相互结合。如果某人并不承认这点,那么他在驳倒后面这些之前必须先驳倒我们前面的那些说法。

泰:你讲得非常公道。

b 客:让我们看一下这点。

泰:哪一点?

客:当我们说"非是"时,似乎并不是在说"是"的相反者,而仅仅在说异于"是"的东西。

泰:如何?

客:例如,当我们说某个东西"不大"时,你认为,我们用这个措辞来表示"小"而非"相等"吗?

泰:怎么会呢?

客:所以,我们不要同意"否定"(ἀπόφασις)只表示"相反",只需承认这点:前置的"不"或"非"表示与后接名词有区别的东西——或者不如说表示与否定词后面的名词所表述的事物有区别的东西。 c

泰:完全对。

客:如果你跟我想的一样,那么让我们思考下面这点。

泰:哪一点?

客:在我看来,就像"知识"一样,"异"的本性也可以被划分为许多小的部分。

泰:怎么讲?

客:知识当然也是"一",但是它的各个部分有各自独立的对象,并且有各自的名称,因此我们说有许多技艺和许多知识。 d

泰:的确。

客:"异"的本性也一样被分为各个部分,虽然它是"一"。

泰:也许是这样,但我们该如何说明?

客:有没有"异"的一个部分与"美"相对立?

泰：有。

客：我们该说它是无名称的，还是说它具有某个名称？

泰：它有名称。每当表述“不美”的时候，指的无非就是异于“美”之本性的东西。

客：现在再告诉我以下这一点。

e 泰：哪一点？

客：由此是否可以推论出：“不美者”是从某一类“是者”①当中划分出来又与某类“是者”对立起来的东西？

泰：是这样。

客：似乎由此推出：“不美”是“是者”与“是者”的某种“对立”（ἀντίθεσις）。

泰：非常正确。

客：依据这个道理，我们可以说“美”比“不美”更算得上是“是者”吗？

泰：不。

258 客：我们也应该说“不大”与“大”同样“是”？

泰：同样。

客：我们也应该以同样的方式看待“非正义”和“正义”，其中任何一个不会比另一个更加“是”。

泰：当然。

客：对于其他东西②我们也应该这么说，由于“异”的本性已经

---

① 此处“某一类”应当指“异”，而不是如康福德所说的“美”。

② 亦即具有“不某某”或“非某某”这个结构的东西。

被表明为是一个“是者”。既然它“是”，它的那些部分也必然应该被看作“诸是者”。

泰：当然。

客：那么，似乎是这样：当“异”之部分的本性与“是”的本性相 b
互对立的时候，这种“对立”——如果允许这么说的话——并不比“是者”自身更缺乏“是”，因为它并不表示与“是者”相反，而仅仅表示与它相异。

泰：很明显。

客：那么，我们该把它称作什么？

泰：它显然就是“非是者”本身，也就是我们由于智者的缘故而探寻的东西。

客：那么，正如你所说的，“非是者”并不比其他东西更缺乏“是”，而且从现在起我们可以勇敢地说，“非是者”无疑也是有其自
身本性的东西，正如“大者”是“大的”，“美者”是“美的”，“不大者” c
是“不大的”，“不美者”是“不美的”，按照同样道理，“非是者”过去是、现在也是“非是的”，并且应当算作众多“是者”中的一个类型，对吗？难道我们对它还有一点点怀疑，泰阿泰德？

泰：完全没有。

客：那么，你可知道，我们不再听信巴门尼德，已经远远突破了他的限制？

泰：如何？

客：我们在推进探索的过程中已经向他表明了那个他禁止我们去考察的东西。

泰：怎么讲？

d　客：因为他说：

> “决不能受这个所强迫：非是者是；
> 相反你在探究中要让思想避免这条道路。”[①]

泰：他确实这样说过。

客：而我们不仅证明了“诸非是者”“是”，另外还揭示了“非是者”实际所是的“理念”。既然我们证明了有“异”的本性，它把“一
e 切是者”划分为彼此相对的各个部分，我们也就胆敢说，与“是者”对立的、“异”之本性的各个部分真地是“非是者”。

泰：至少在我看来，客人呀，我们说得完全没错。

客：那么，当我们说“非是者是”的时候，别让任何人说我们胆敢主张“非是者”是“是者”的相反者。因为我们早就告别了“是者”
259 的相反者，无论它是抑或不是，有道理抑或完全没道理。至于我们刚才所说“非是者是”，除非某人驳倒我们，让我们信服我们说得不对，否则他就应当跟我们一样说：(1)[②]各理念相互结合；(2)“是”与“异”贯穿一切(理念)并且彼此贯穿；(3)“异”分有“是”，由于这种分有，它是；但它并不是所分有的那个东西，而是异于它；由于它
b 是异于“是者”的，那么很明显它必然是“非是者”；(4)反之，由于“是”分有“异”，它会异于其它各个理念；由于“是”异于所有那些理念，它不是它们当中的一个，也不是其它所有理念的总和，而只是

① 此处几乎完全重复了本篇237a所引用的巴门尼德的话，除了其中一个词语略有变化。前一处的“探究”是分词“διζήμενος”，此处用的是名词“διζήσιος”。

② 原著作没有序号，这里的序号乃译者所拟。

其自身；因而，“是者”毫无疑问不是成千上万个东西的叠加；而其它理念，无论就其各自还是就其总体，在许多方面是，在许多方面不是。

泰：正确。

客：如果有人不承认这些对立面，他就应当自己考察它们并提出比现在这个更好的论述。但是，如果自以为在其中发现了某个疑难，就喜欢把论证一时扯到这儿，一时又扯到那儿，就像刚才 c
我们已经说过的那样，这是把力气浪费在那些不值得努力的事上面了。因为发现那个东西既不算能干也并不困难，既艰难又美好的是另一件事。

泰：是什么？

客：就是面前提到的：放弃那些（诡辩），让自己能够跟得上这样一步步的考验。当有人断言“异”以某个方式是“同”，“同”以某 d
个方式是“异”时，那么就要弄明白，他认为这两者（“同”与“异”）在什么意义上、相对于什么东西出现了这种状况。再则，当有人断言“同”无论以什么方式都是“异”，“异”无论以什么方式都是“同”，大者是小的，相似者是不相似的，他总是以这种方式在论证中提出矛盾并借此取乐，那么就要能够指明这不是真正的辩驳，而且这个人显然是刚刚接触“诸实在”的新生儿。

泰：确实如此。

客：好小伙子呀，试图把每个东西从其他一切中分离开来是离
谱的，这么做的人是完全没文化的和不懂哲学的。 e

泰：怎么讲？

客：把每一个从一切当中松解出来也就是一切“陈述”（λόγος）

的完全消失，因为我们看到，陈述出现为诸理念的相互结合。[1]

泰：没错。

260 客：因此，你考虑一下，刚才我们与这类东西作战并且迫使它们允许此者与彼者相结合，这是多么适时。

泰：针对什么而言？

客：针对这点而言：在我们看来，陈述也是“诸是者”中的某一个种类。如果我们被剥夺了陈述，最要紧的是，我们被剥夺了哲学。但是，我们当前还必须对什么是陈述达成共识。如果我们完
b 全否定它“存在(是)”，那么我们一定不能再说话了。如果我们承认没有任何东西以任何方式与任何东西相结合，那么我们就已经否定了。

泰：这当然没错。但我不懂为什么我们现在必须就“陈述”达成共识。

客：或许按照以下这个方式你会很容易懂。

泰：什么方式？

客：我们已经阐明“非是”是“是”之外的某个理念，并且分散在一切“是者”之中。

泰：是这样。

客：所以，我们接下来应当考察“非是”是否与“判断”和“陈述”相结合。

泰：为什么？

c 客：如果“非是”不与它们相结合，那么一切都必然是“真的”；

---

[1] 参考柏拉图《泰阿泰德》，202b，“λόγος”(陈述)也就是联结起来的语词。

如果“非是”与它们相结合，就会出现假判断和假陈述，因为去断定或去论说“非是者”，也就是在思维和陈述中出现了“假”。

泰：是这样。

客：如果“假”存在，“欺骗”也就存在。

泰：对。

客：如果“欺骗”存在，一切也就必然充斥着影像、仿像和幻像。

泰：当然。

客：我们曾经断定，智者遁入了这个地方，但他却完全否认 d
“假”曾经发生或存在。因为“非是者”既不可思考也不可言说——由于“非是者”决不以任何方式分有“是”。

泰：他是这么说的。

客：但是现在，我们已经表明了“非是者”分有“是”，因此智者大概不会就这点继续作战；然而，或许他会说诸理念当中有些分有“非是”，有些不分有，而且，“陈述”和“判断”就属于不分有“非是”的东西；一旦判断和陈述并不与“非是”相结合，他就会再次作战， e
坚持“影像制造术”和“幻像术”完全都不存在——我们却断定他藏在里面；如果不发生这种结合，那么“假”就完全不存在。故此，我们首先来探索“陈述”、“判断”和“印象”（φαντασία）究竟是什么， 261
一旦显明，我们就可以洞察到它们与“非是”的结合；一旦洞察，我们就可以证明“假”存在；一旦证明，我们就可以把智者绑定在其中——如果他是有责任的；不然，我们就释放了他并在其他种类中进行寻找。

泰：确实如此，客人呀，似乎起初关于智者的说法是正确的，这个种类是难以捕捉的。他的确显得充斥着“障碍”(πρόβλημα)[①]，一旦他抛出一个障碍，那么在接近他之前必然要先跟这个障碍作
b 战。我们刚刚艰难地突破了他抛出来的“非是者不是”，另一个障碍又被抛了出来，所以我们必须证明“假”于陈述和判断之中“存在(是)”，此后或许他还会抛出另一个障碍，然后还会有别的，似乎永远不会有终点。

客：泰阿泰德呀，能够持续前进哪怕一小步的人应当有自信。因为如果某个人在前进时丧失信心，那么在别的情况下他
c 该怎么办，要么哪里也达不到，要么又倒退回去？常言说，这样的人要拔取城池终究枉然。现在，好小伙子呀，最重要的城墙——如你所说的那样——已经被突破，此后剩下的将是更容易和更小的障碍。

泰：说得太好了。

客：就像刚才说的那样，首先让我们从陈述和判断着手，以便更清楚地考量：究竟“非是”与它们有关联，还是说，它们两者完全是真的，其中任何一个在任何时候都不会是假的。

泰：可以。

d 客：来吧，让我们像谈论诸理念和诸字母时所说的那样，以同一方式再来考察“诸语词”(ὄνοματα)。因为现在所探究的东西通过这个方式表现出来。

泰：我究竟该回答关于诸语词的哪一点？

客：要么，一切语词都相互匹配；要么，没有任何语词相互匹

① “πρόβλημα”的字面意思是“向前抛出的东西”，引申为“麻烦”或“障碍”。

配；要么，有些匹配，有些不匹配。

泰：这很明显，有些匹配，有些不匹配。

客：你的意思大概是这样：某些按次序说出来并且有所表示的语词相匹配；某些并不表示任何东西的语词连续体不相匹配。 e

泰：你的意思是什么？

客：你刚才回答的时候我认为你已经明白了。关于“实在”（οὐσία）①的声音符号，我们的确有双重的种类。

泰：如何？

客：其中一种被称为“名词”（ὄνομα），另一种被称为“动词” 262
（ῥῆμα）。

泰：请说出各自是什么。

客：一方面，那个涉及“动作”的符号，我们说它是动词。

泰：对。

客：另一方面，那个涉及那些动作的“施动者”的声音符号被称为名词。

泰：确实如此。

客：“陈述”永远不会是仅仅由连续被说出的名词所构成，也不会是由脱离名词而被说出的动词所构成。

泰：这个我不懂。

客：很明显，你刚才表示同意的时候想的不是这个东西。我想 b
说的是这点：用下面这个方式连续说出来的东西不是“陈述”。

① 此处的“οὐσία”与 248d2 的“οὐσία”有相同的含义，均表示思想或语言的“对象”。

泰：什么方式？

客：例如，“走、跑、睡”，以及其他表示动作的动词，即使某人连续把它们全都说出来，也并不造就任何陈述。

泰：当然。

客：如果某人说出“狮、鹿、马”，以及其他得名于动作之施动者
c 的名词，这些名词的连续体（συνέχεια）也不连成一个陈述；除非某人把名词和动词结合起来，否则发出的声音既不以此方式也不以彼方式指示任何“作为”或“不作为”，既不指示“是者”也不指示“非是者”的存在。但是，当名词和动词出现匹配的时候，这个最基本的“结合物”就立即成为陈述，即最基本和最短的陈述。

泰：你的意思到底是什么？

客：当某人说：“人学习”（ἄνθρωπος μανθάνει），你会说这是最短和最基本的陈述吗？

d 泰：我会。

客：因为它此时的确指示了“存在者（是者）”或“正生成者”或“已生成者”或“将出现者”。它不仅“命名”（ὀνομάζειν），而且通过把动词与名词结合起来“断定”（περαίνειν）某个东西。由此，我们说它“论断”（λέγειν）而不仅命名。我们将这个结合物的名称表述为“陈述”。

泰：正确。

客：正如某些“事物”相互匹配而另一些不匹配，“声音符号”也
e 一样，某些不匹配，某些则相匹配并成就一个陈述。

泰：完全没错。

客：不过，还有一小点。

泰:哪一点?

客:只要是陈述就必然是“关于某个东西的”(τινός)陈述;不关于任何东西的陈述是不可能的。

泰:是这样。

客:它必定有某个性质(ποιόν),对吗?

泰:当然。

客:那么,让我们来考虑一下我们自己。

泰:就这么办。

客:我将对你说出一个陈述,它通过名词和动词而将事物和动作结合起来。你要告诉我这个陈述是关于什么的。

泰:我将尽力而为。 263

客:“泰阿泰德坐着”,这个陈述不是很长,对吗?

泰:不长,正合适。

客:那么,你的任务就是说出它是针对什么的,并关于什么。

泰:显然它是针对我,并且关于我。

客:那么,反之下面这个又如何?

泰:哪一个?

客:“泰阿泰德,即我现在与之交谈的这个人,飞着”。

泰:没有人会有异议,它关于我并且针对我。

客:我们还说每个陈述必然有某个性质。 b

泰:对。

客:那么,我们应当说这两个各自有什么性质?

泰:其中一个是假的,另一个则是真的。

客:其中,真陈述把关于你的“是者”断定为“是”。

泰：的确。

客：但是，假陈述断定了异于“是者”的东西。

泰：对。

客：所以，它把“非是者”断定为“是者”。

泰：差不多。

客：但是，这个“是者”异于关于你的“是者”。我们说过，关于每个东西的确有许多“是者”，也有许多“非是者”。①

泰：确实如此。

c 客：我所说的关于你的后一个陈述，根据我们对什么是陈述的界定，必然是其中最短的一个。

泰：无论如何，我们刚才就此已经达成共识。

客：其次，它必然针对某个东西。

泰：是这样。

客：如果它不关于你，它也不会关于任何其他东西。

泰：当然。

客：倘若它不关于任何东西，那么它就全然不会是陈述，因为我们已表明了不关于任何东西的陈述不可能是陈述。

泰：非常正确。

d 客：如果所说的是关于你的，但是把“彼”说成了“此”，把“非是”说成了“是”，那么，由动词和名词产生出来的这样一个“结合物”（σύνθεσις），看起来就真真正正成为了假陈述。

---

① 参考256e：对于每一个理念而言，“是者”是众多的，而“非是者”在数量上是无限的。

泰:完全没错。

客:现在岂不是很明显:思维、判断和印象,这些我们的灵魂中的东西既有“假”也有“真”?

泰:怎么讲?

客:如果你首先了解它们是什么以及它们彼此有何区别,那么 e
说起来就会容易一些。

泰:请赐教!

客:思维和陈述岂不是同一个东西?只不过,一方面,灵魂内部发生的不出声的自我交谈被我们命名为“思维”(διάνοια)[①]。

泰:的确。

客:另一方面,从灵魂出发并通过口腔流出的有声气流被称为“陈述”[②]。

泰:没错。

客:而且,我们知道在各个陈述中包含有——

泰:什么?

客:肯定与否定。

泰:我们知道。

客:当肯定和否定通过思维缄默地发生在灵魂里,除了“判断” 264
(δόξα)之外,你还会用什么来称呼它呢?

泰:当然不会。

客:当判断并非自在地而是通过感觉向某人呈现出来,那么这

① 参考柏拉图《泰阿泰德》,189e,《理想国》,494d。

② 参考柏拉图《泰阿泰德》,206d,《斐莱布》,38e。

类状态正确说来除了“印象”(φαντασία)之外还会是别的什么吗?

泰:不会。

客:由于陈述有“真”也有“假”,而“思维”表明为灵魂与自身的
b 交谈,“判断”[1]表明为思维的完成,此外我们还用“得到印象”(φαίνεται)来表示感觉与判断的结合——这些东西与陈述是同类的,所以,其中有些必然有时候是假的,对吗?

泰:当然。

客:那么,你意识到了没有:假判断和假陈述已经被发现了,比预期的更早,而我们刚才对此还感到畏怯,在探索过程中我们曾经把它当作完全没有尽头的任务?

泰:我意识到了。

客:因此,不要对其余的部分感到气馁。既然这些东西已经显
c 明,让我们来回忆先前按照“类型”来进行的划分。

泰:哪些类型?

客:我们曾经把“影像制造术”划分为两个类型:其中一个为“仿像术”,另一个为“幻像术”。

泰:对。

客:而且我们说过,我们很困惑,不知道该把智者界定为两个中的哪一个。

泰:我们说过。

客:就在对此感到困惑的时候,更大的晕眩又降临了我们:出

① 这里的“δόξα”表示“思想的完成”,故译为“判断”,它与《理想国》中所说的与“知识”相对立的“δόξα”(通常译为“意见”或“臆见”)意思不一样。在英文中,后者通常被译为“opinion”,前者通常被译为“belief”或“judgment”。

现了一个反驳所有人的陈述，它断定根本没有“仿像”，也没有“影
像”和“幻像”，因为“假”在任何时候任何地方都不以任何方式 d
存在。

泰：你说得没错。

客：但是现在，我们既然已经表明“假陈述”和“假判断”存在，那么就使得“诸实在”的“摹本”可能存在，也使得造成这种心灵状况（假判断）的欺骗技艺可能存在。

泰：对，这就可能了。

客：我们先前已经达成了共识，智者属于前面提到的两个类型之一。

泰：对。

客：所以，让我们再作尝试，对先行设定的种类进行对半划分， e
一直按照右手边这部分进行划分，抓住智者所属的“共同体”，直到
剔除他的所有“同伴”，并保留其“特有的本性”；最后我们将展示这 265
一本性，首先展示给我们自己，然后展示给本性上跟这个方法有缘
的人。

泰：正确。

客：我们当时是从划分“制作术”和“占有术”开始的，对吧？

泰：对。

客：在“占有术”当中，他向我们幻现为处于捕猎术、争斗术、商贸术以及诸如此类的某个类型之中？

泰：的确。

客：但是现在，既然“模仿术”已经囊括了他，很明显首先必须被对半划分的是“制作术”本身。因为“模仿”（μίμησις）的确是某

b 种“制作”(ποίησις)，不过我们断定它是关于“影像”的制作，而不是关于各个“原本”的制作，对吗?

泰:完全没错。

客:首先，制作术有两个部分。

泰:哪两个?

客:其中一个为“属神的”，另一个为“属人的”。

泰:我不懂。

客:如果我们还记得刚开始说过的话，那么，我们曾经说过，所有的“能力”，只要它是先前不存在的东西之后生成的原因(αἰτία)，就是制作术。

泰:我们记得。

c 客:一切有死的动物，以及生长于大地上并出自种子和根系的植物，以及大地中形成的可分解和不可分解的各种无生命的物体——我们要说，不是神的“作工”(δημιουργοῦντος)而是别的东西使这些先前不存在的东西得以生成吗? 或者，我们采用多数人的教条和说法……

泰:什么说法?

客:“自然”从自发的和不包含理智的某个原因生出它们。或者，我们要说它们由神通过理性和神性的知识产生出来?

d 泰:可能由于我年纪轻，我经常在这两种意见中左右摇摆;但现在我看着你，料想你认为它们通过神而生成，那么我就认定这个说法吧。

客:很好，泰阿泰德! 如果我认为你属于在以后的时间里会另有所断定的人，现在我就会用带有必然说服力的论证来尝试使你

认同我。但是，我了解你，即使没有我们的这个论证，你的本性也 e
会把你引到现在吸引你的观点，所以我就不做论证了，因为那样时间会变得冗长。我设定所谓出自“自然”的东西由“属神的技艺”所制作，由人把这些自然物组合起来的东西由“属人的技艺”所制作，按照这个论理，“制作术”有两个种类，其中一个是属人的，另一个是属神的。

泰：正确。

客：请把两类技艺各自划分成两半。

泰：怎么划分？

客：正如你刚才从横向划分了整个制作术，现在则从纵向 266
划分。

泰：就让它这么划分。

客：这样，制作术的所有部分就成为四个：两个在我们这边，属人的；另两个则在神那边，属神的。

泰：对。

客：当它们以另一方式被划分，两部分中各自又有一个部分是“原本制作术”（αὐτοποιητική），剩下的基本上可以被说成“影像制作术”（εἰδωλοποιική），按照这个方式，制作术可以再次划分为两半。

泰：请说各自再以什么方式。 b

客：我们知道，一方面，我们、其他动物，以及“自然物”由之而形成的东西，亦即火、水以及它们的同族[①]，都是神的产物，每一个

① “同族”的希腊文为“τὰ ἀδελφά”，该词的阳性指兄弟，阴性指姐妹，这里用中性形式指抽象的同家族成员，带有隐喻色彩，实际指与“火”和“水”并列的基本元素，如“土”和“气”等。

都是神的作品，不然怎样？

泰：就这样。

客：另一方面，相伴出现的它们各自的“影像”，而非它们“自身”或“原本”，也由神灵的机巧所产生。

泰：哪些？

c 客：梦中的幻像，以及被说成自发的日光中的幻像，其中一种是“阴影”，也就是出现在火光后面的黑暗；还有一种情况，就是本身的和别处的两重光在平滑和光洁的表面上会聚到一起时出现的形象①，它给出一种与通常视觉相反的感觉。

泰：的确有这两个神性制作的产物：事物原本和伴随着每个事物的影像。

客：那么，我们的技艺又如何？我们岂不说它通过建屋技艺而制作了房屋自身，但是又通过绘画制作了某个别的房屋，就像为清醒者造就的人为之梦？②

d 泰：的确。

客：我们说，我们的制作活动的其他作品也以这个方式是成双成对的，一方面，“原本”出自“原本制造术”③，另一方面，影像出自“影像制作术”。

泰：现在我比较懂了。我把两个种类的制作技艺都设定为双

---

① 这里所描述的东西也就是我们一般所讲的“倒影”或“映像”。

② “梦”被理解为神造的图像，所以人造的图像被描述为“人为之梦”。参阅坎贝尔(1867)，第186页。

③ “原本制造术”翻译“αὐτουργική”，它与“原本制作术”(αὐτοποιητική)意思相同。

重的，按照一个方式划分为属神的技艺与属人的技艺，按照另一个方式划分为属于原本的技艺与属于具有相似性的某个衍生物的技艺。

客：让我们回忆一下：影像制造术的一个种类是仿像术，另一
个种类将会是幻像术——如果“假”真是“假”并且在本性上表明为 e
某种“是者”。

泰：就是这样。

客：既然“假”以此方式已经得到显明，那么我们现在岂不可以毫不犹豫地把它们计算为两个类型？

泰：对。

客：让我们把幻像术再界定为两部分。 267

泰：以什么方式？

客：其中一种通过使用工具，另外一种则是幻像的制作者把自己当作工具。

泰：你的意思是什么？

客：我认为，当某人使用他自己的身体或用他的声音制作与你的姿态（σχῆμα）或声音显得相似的东西，这种幻像术必定叫做“模仿”①。

泰：对。

客：让我们将它区别出来并称呼为模仿术。让我们放开所有 b
其它的，让别人去将它们归结为一并起个恰当的名称。

泰：好，就确定这一个，放弃另一个。

① 也可以译作“扮演”。

客：泰阿泰德呀，这个模仿术仍然值得去将它考虑为双重的；根据什么，考虑一下。

泰：请说。

客：有些模仿者知道自己在实施这个模仿术，而有些模仿者不知道。我们会认为有什么比“不认识”（ἀγνωσία）和“认识”（γνῶσις）更重大的划分吗？

泰：决没有。

客：刚才所提及的是有知识的人的模仿，对吧？认识你和你的姿态的人才会模仿你。

c 泰：当然。

客：但是，什么是正义和一般美德的姿态呢？许多人不认识它而只是有某种意见，就极力试图去做这个他们以为显然存在于他们之中的东西，尽量以行为和言语去模仿它，对吧？

泰：许多人都这样。

客：根本不正义的人没有一个会被以为是正义的吗？还是说，情况完全相反？

泰：完全相反。

d 客：那么，我认为无知识的模仿者应当被看作跟有知识的模仿者不同。

泰：对。

客：我们在哪里能得到它们各自的合适名称呢？这显然是困难的，因为前人对于按照“类型”进行“种类”划分显得疏懒而考虑不周，所以没有人尝试去划分它们，因此我们必定缺乏足够的名

e 称。尽管这个说法有些大胆，还是让我们继续划分，把基于“臆见”

（δόξα）的模仿称作“自以为是的模仿”（δοξομιμητική），并且把基于“知识”（ἐπιστήμη）的模仿称作“熟识的模仿”（ἱστορικὸς μίμησις）。

泰：就是它了。

客：那么，我们要用到的是前者，因为智者不属于“有知者”，而是属于“模仿者”。

泰：确实如此。

客：那么，让我们来考察一下“自以为是的模仿者”，就像人们考验铁器一样，看看他是健全的，还是内在有某个裂缝。

泰：让我们来考察。

客：这里的确有条裂缝而且还很长。他们当中有一类是天真 268
的，认为他相信的东西就是他认识的东西；但是，由于另一类长期在论证中打滚，他感到非常怀疑和恐慌：他不知道在其他人前面伪装已经知道的那些东西。

泰：的确有你所说的这两个种类。

客：那么，我们把其中一类看作天真的模仿者，把另一个看作伪装的模仿者。

泰：看起来是这样。

客：我们说后者是一个种类还是两个种类？

泰：你自己来看吧。

客：我正在考察，发现这里有两个种类。我发现其中一类能够 b
在公共场合对着大众用长篇演说进行伪装，另一类在私下场合用简短的论证迫使与之争论的人陷入悖论。

泰：说得非常正确。

客：我们把长篇宏论者显明为什么？政治家还是公共演说家？

泰：公共演说家。

客：我们如何说另一个？有智慧的人还是有智术的人？

c 泰：他一定不可能是有智慧的，因为我们刚才把他断定为无知识的人。但是，假如他是有智慧的人的模仿者，显然他将获得其衍生名称，而且我现在差不多晓得了，我们必须真地称呼他为完全纯正的智者。

客：那么，我们要不要把他的名称汇总起来，跟刚才一样，从终点往开端把它们结合在一起？

泰：当然要。

客：被确定为属人的而非属神的"制作"，在言论中玩弄"魔术"
d 的部分，属于"影像制作术"当中"幻像术"的类型，也就是"自以为是的模仿"当中伪装的、制造悖论的部分——谁把"这个种族和血统"[①]说成是真正的智者，那么他大概说出了最真实的东西。

泰：完全没错。

① 参考：荷马《伊利亚特》6.211。

中文-古希腊文索引*

* 索引条目中标注的行码为斯特方行码(伯奈特校勘本),汉译词请在其附近查找;条目出处未必穷尽。

现金赚取术　νομισματοπωλική　223b4

相反者　ἐναντίον　240b5,240d6,247a6,247b2,255b1,257b3,258e8

相似的东西　ὁμοιότης　231a7,etc.

相信　δοξάζειν　268a1

性质　πάθημα　252b9

修饰术　κοσμητική　227a3

学问　μαθήματα　224b1,224b6,224c1,224d1-6,230c8,230d2,231d6,231d9,231e5

学问贩卖术　μαθηματοπωλική　224b9,224e3

训诫术　νουθετητική　230a3,230a8

言辞　λόγος　234c,239d,239e,240a

演说　λόγος　268b

一切［单数］　(τὸ)πᾶν　243e3,244b3,244b6,247c5,249d1,249d4,250a2,252a6,etc.

一切［复数］　(τὰ)πάντα(ἅπαντα)　232e3,233a3,233b2,233c4,233c6,233c10,233e1,233e5,234a7,234b4,242d6,243d9,245b9,245c8,246a7,246c9,249b8,251d8,252b1,252d2,260c2,etc.

医术　ἰατρική　227a1,229a1

异(它者)　(τὸ)ἕτερον(θάτερον)　254e3-259d,etc.

臆见　δόξα　216d1,229a7,233b1

臆见教育术　δοξοπαιδευτική　223b5

阴影　σκιά　266b10

印象　φαντασία　260e4,263d6,264a6

影像　εἴδωλον　234c6,236a6,239d4,239d7,240a5,240a7,264c12,266b6,266c6,266d4,etc.

影像制造术　εἰδωλουργική　266d8

影像制作术　εἰδωλοποιική　235b8,260d9,266a10,266d4

游戏(儿戏)　παιδιή　234a6,234a9,234b1,235a6,237b10

有技艺的人(技师)　τεχνίτης　219a5

有限的元素　πέρας ἔχοντα στοιχεῖα　252b3

愚妄　ἀμαθία　229c9,230a6

语词　ὄνομα　261d2,261d4

语法　γραμματική　253a12

预设　πόθεσις　244c4

寓言(故事,神话)　μῦθος　242c8

原本(自身)　(τὸ)αὐτό　265b2,266c6,266d3

原本制造术　αὐτουργική　266d4

原本制作术　αὐτοποιητική　266a9

元素　στοιχεῖα　252b3

原因　αἰτία　253c3,265b9,265c7

运动　κίνησις　228c1,248e6,

古希腊文-中文索引*

* 索引条目中标注的行码为斯特方行码(伯奈特校勘本)，汉译词请在其附近查找；条目出处未必穷尽。

图书在版编目(CIP)数据

智者/(古希腊)柏拉图著;詹文杰译.—北京:商务印书馆,2017
(汉译世界学术名著丛书:120年纪念版:珍藏本)
ISBN 978-7-100-14809-2

Ⅰ.①智… Ⅱ.①柏… ②詹… Ⅲ.①柏拉图(Platon 前427-前347)—哲学思想 Ⅳ.①B502.232

中国版本图书馆CIP数据核字(2017)第158648号

汉译世界学术名著丛书
(120年纪念版·珍藏本)
智　者
〔古希腊〕柏拉图　著
詹文杰　译

商　务　印　书　馆　出　版
(北京王府井大街36号　邮政编码100710)
商　务　印　书　馆　发　行
北京市松源印刷有限公司印刷
ISBN 978-7-100-14809-2

2017年12月第1版　　开本710×1000　1/16
2017年12月北京第1次印刷　　印张8¼
定价:42.00元